L'espion aux yeux verts

BERNARD CLAVEL

Bernard Clavel

L'espion
aux yeux verts

Éditions J'ai lu

— Tu n'as rien remarqué, toi?... Evidemment!
Tu ne remarques jamais rien. Pourtant, il était là.
Je suis certain que c'était lui. J'en mettrais ma
main au feu... D'ailleurs, on ne risque pas de se
tromper, il a toujours son imperméable beige et
son chapeau gris rabattu sur les yeux... Il est venu
trois fois pendant qu'on mangeait. Trois fois, tu
entends? Et trois fois avec son chien. Son sale
chien noir.

Félicien se tut, resta encore un moment à fixer
la rue vide à travers la vitre sale où sa main
osseuse effaçait de temps à autre la buée de son
souffle. Ses épaules voûtées se soulevaient au
rythme de sa respiration, et, chaque fois, sa tête
semblait s'incliner un peu plus sur sa poitrine,
tirant sur son cou maigre et allongeant sa nuque
où les mèches grises couraient en tout sens sur
la peau ridée. Il laissa retomber le rideau et se
retourna lentement. Il ne parlait pas, mais tout
son visage vivait. Ses sourcils épais s'animaient,
ses paupières battaient sur son regard noir, tantôt
dur, tantôt absent, comme noyé de brume. Les

muscles tiraillaient sans cesse la peau de ses joues creuses, sa mâchoire se contractait.

Il fit trois pas en direction du petit poêle de fonte qui se trouvait devant la cheminée, se cassa en deux pour en ouvrir la porte qu'il referma après avoir regardé le foyer où les boulets se consumaient derrière la grille déformée. Il se redressa en portant une main à ses reins, puis il reprit :

— Ce matin, c'est la vieille du deuxième qui est descendue trois fois. Elle s'est arrêtée sur le palier, juste devant notre porte. Tu l'as entendue comme moi. Seulement toi, tu t'en fous. Tu te fous de tout... Ils peuvent manigancer ce qu'ils veulent, ça te laisse froid... Jusqu'au jour où tout se déclenchera. Alors là, peut-être, tu finiras par comprendre. Mais ce sera trop tard... Le mal sera fait!

Il avait prononcé les deux dernières phrases un peu plus haut. Presque avec colère. Il se tut soudain et s'immobilisa, une main à demi levée. Lentement, imperceptiblement, sa tête pivota sur l'axe de son cou qui était comme une vieille corde roidie par trop de tension et dont chaque fibre tendue à l'excès menace de se déchirer. Le mouvement se bloqua lorsque le regard de Félicien se posa sur la porte. Dans un souffle qui entrouvrit à peine ses lèvres, il demanda :

— Tu entends?

La main toujours devant lui, à la hauteur de sa poitrine, il marcha jusqu'à la porte, sur la pointe des pieds, évitant les lames du parquet dont il savait qu'elles risquaient de craquer sous son poids. De l'autre côté de la cloison, un pas lourd montait l'escalier. La main de Félicien descendit, se posa sur la poignée qu'il fit tourner en pesant de l'épaule sur le battant pour opérer sans bruit. Le pas avait atteint l'étage supérieur et Félicien laissa revenir doucement la poignée avant de s'immobiliser, l'épaule toujours contre la porte, la tête renversée en arrière et le regard fixé au plafond. Il y eut un bruit de serrure, un claquement, puis des pas dans la pièce située au-dessus de celle qu'il occupait. Félicien eut un ricanement.

— C'était encore elle, dit-il. Mais cette fois, elle ne s'est pas arrêtée sur notre palier. Chaque fois que je suis sur le point de la surprendre, elle file. C'est à croire qu'elle sait exactement ce que je fais.

Il regarda ses pantoufles à semelles de feutre, hocha la tête et soupira :

— Elle ne peut pas m'entendre. Ça, c'est certain, elle ne peut pas m'avoir entendu. Et pourtant, elle sait exactement ce que je fais. Elle sait que je suis derrière cette porte.

A l'étage supérieur, la femme se mit à marcher. Félicien leva de nouveau la tête et écouta, le visage tendu, les mains agitées de tremblements.

— Elle recommence... Tu ne me diras pas qu'elle marche normalement? Marche... Arrêt... Marche encore... Un, deux, trois, quatre, cinq, six... Six pas. Toujours six pas, et elle s'arrête. Et ça recommence.

Félicien demeura ainsi un long moment, puis, lorsque le pas se fut arrêté, peu à peu, son corps se détendit, son regard quitta le plafond pour chercher Manou qui s'étirait devant le poêle.

— Tu vois, reprit-il. Ça ne s'arrange pas.

Il alla s'asseoir dans le vieux fauteuil recouvert d'un tissu vert que le temps avait jauni et dont les griffes de Manou avaient tiré bien des fils. Dès qu'il fut installé, le chat sauta sur ses genoux, tourna trois fois puis s'allongea entre ses cuisses minces qu'il tenait serrées l'une contre l'autre. Félicien se mit à caresser le pelage gris de la bête qui ronronnait déjà.

— Ce matin, expliqua-t-il, je ne t'ai rien dit parce que tu dormais encore. Mais quand elle est sortie pour la première fois, je suis allé à la fenêtre. Elle portait son grand sac. Tu sais, ce vieux cabas noir avec des poignées en ficelle. Elle le tenait de la main gauche. En passant sous la fenêtre, elle l'a changé de main. Elle ne veut pas que je puisse voir son sac. Il y a bien une raison, tout de même... Et remarque bien : elle n'a pas regardé de notre côté. Donc, elle ne m'a pas vu, et pourtant, elle savait que j'étais à la fenêtre.

Le chat semblait s'être endormi, et Félicien immobilisa sa longue main sur le poil chaud où ses doigts enfonçaient à demi.

— Toi, murmura-t-il, tu es vraiment trop insouciant.

Il ébaucha un sourire qui resta un instant accroché à ses lèvres. Pourtant, son regard demeurait sombre et bientôt tout son visage fut de nouveau contracté. Il empoigna doucement le chat qu'il souleva pour le poser à la place qu'il venait de quitter. Manou s'assit, le regarda, puis, repliant ses pattes de devant sous son poitrail blanc, il se recroquevilla un peu, perdant de sa longueur à mesure que son échine se courbait et que sa tête entrait dans son cou gonflé. Félicien se dirigea vers la fenêtre dont il écarta légèrement le rideau. La rue était déserte. Il laissa retomber le rideau et se mit à débarrasser la table où se trouvaient encore son assiette sale, un verre, une fourchette et un quignon de pain. Il fit deux voyages pour emporter le tout derrière la tenture fermant le coin cuisine qu'il avait aménagé en supprimant la porte d'un grand placard d'angle et en empiétant un peu sur la pièce. Il était en train d'essuyer la toile cirée, lorsqu'un léger craquement figea son geste. Une main en coupe, au bord de la table, l'autre crispée sur le torchon, il leva les yeux. Le pas reprit. Il compta :

— Un, deux, trois, quatre, cinq, six... toujours six, dit-il.

Il regarda Manou qui, lui aussi, fixait le plafond. Félicien abandonna son torchon et s'approcha du chat. Son visage s'était éclairé soudain.

— Ah! fit-il. Tu vois! Toi aussi tu l'as remarqué. Encore six pas. Toujours six. Ça t'intrigue aussi.

Surpris par ce brusque éclat de voix, peut-être décontenancé par ce ton de triomphe auquel il n'était pas habitué, la tête inclinée sur la droite, les oreilles couchées en arrière, l'animal regarda Félicien. Il y eut un moment de silence, comme une interrogation muette et pénible. Puis, d'une voix qui hésitait sur chaque mot, Félicien demanda :

— Mais qu'est-ce que tu as?... Je te trouve un drôle d'air. Tu me regardes comme si tu avais peur.

Le chat baissa les yeux et Félicien lui prit la tête pour l'obliger à le regarder.

— Tu as peur, hein? Et tu ne veux pas le laisser voir? Voilà plusieurs jours que je t'observe, il me semblait bien que tu n'étais pas tranquille, toi non plus... Moi, je n'ai pas peur. Je les surveille parce que je n'aime pas être pris au dépourvu. Je veux être prêt à faire face au danger, mais toi, c'est autre chose... Je le sens... Tu as vraiment peur, hein?

Le chat eut un mouvement souple du cou et des épaules pour dégager sa tête. Félicien courut jusqu'au coin cuisine dont il souleva la tenture. Revenant vers le fauteuil où Manou restait assis, il demanda :

— Ça ne va pas du tout, hein? Tu n'as même pas touché à ton mou... Il n'est pas bon? Ou bien alors, c'est la peur qui te coupe l'appétit?

Il fronça ses sourcils gris et épais, se pencha vers le chat et, le fixant d'un œil dur, il dit, la voix comme étranglée :

— Est-ce que tu te méfierais du boucher?

Manou baissa les paupières sur son regard vert, se dressa, et tourna deux fois sur place avant de se coucher en boule, le museau sur sa queue.

Félicien eut un haussement d'épaules et une moue qui voulait dire : « Toi, pour t'arracher un mot, ce n'est pas une petite affaire. » Puis il retourna vers la cuisine, écarta le rideau et se pencha pour empoigner l'assiette posée sur le plancher. Il la souleva, examina la viande déjà légèrement desséchée et racornie qu'elle contenait. Il eut un moment d'hésitation, flaira longuement la viande brunâtre et apporta l'assiette sur la table. Sans regarder le chat, il dit :

— Drôle d'odeur, en effet. Tu as bien fait de ne pas la manger.

Il prit un journal derrière le poêle, arracha la première page qu'il étala sur la table. Renversant l'assiette, il décolla du bout du doigt, avec dégoût, les morceaux de mou pour les faire tomber sur le papier qu'il referma et roula en boule d'un geste nerveux. Au bruit du papier froissé, le chat se leva, descendit du fauteuil et, sans hésiter, sauta sur la table. Félicien retira le paquet que l'animal flairait déjà.

— Ah non! lança-t-il. Tu ne vas pas le vouloir maintenant! C'est stupide. A quoi ça nous conduirait? Ça ne prouverait rien du tout. Tu es vexé parce que je t'ai dit que tu avais peur? Mais tu as raison de te méfier. Ça prouve que tu es plus intelligent que moi. Les risques inutiles, tu sais...

Il se tut soudain, comme frappé de stupeur. Il tenait toujours dans sa main droite le journal roulé en une grosse boule que le chat regardait, tendant le museau pour la flairer de loin. Le chat marchait à petits pas au bord de la table, cardant de ses griffes la toile cirée qui se soulevait parfois pour retomber avec un bruit feutré.

— Mais j'y pense, triompha Félicien. J'y pense d'un coup : j'ai vu l'homme au chien noir sortir de la boucherie, hier matin. Je suis complètement idiot. Ça aurait dû me frapper. Mais voilà qui saute aux yeux, le boucher est de leur bande. J'aurais dû m'en douter!

Allongeant la main gauche, il caressa le chat qui tordait le cou pour flairer ses doigts. Retirant brusquement la main, il gronda :

— Ah non! ne me lèche pas! Si c'est un poison violent, il n'en faut pas plus.

Il alla poser le paquet sur le buffet, gagna ensuite la cuisine où il se lava les mains avec beaucoup de soin, puis, revenant vers le chat qui s'était assis à côté du poêle, il se planta devant lui, les poings sur les hanches, le visage éclairé d'une lueur de triomphe

— Cette fois, mon petit, nous les tenons, fit-il. Il faut être plus malin qu'eux. Demain matin, j'irai porter cette viande aux gendarmes. Ils la feront analyser, et, par le boucher, ils pourront remonter la filière et mettre la main sur le réseau tout entier.

Le chat, qui le regardait, leva une patte de devant et se mit à se lécher le ventre.

— Tu ne veux pas me croire? A ton aise. Tu te figures que les gendarmes refuseront de m'écouter? Eh bien, nous verrons... Je dirai : « Monsieur

11

le brigadier, je vous apporte une preuve. Et si vous ne voulez pas faire analyser cette viande, je m'en chargerai. Mais je vous préviens, tout gendarme que vous êtes, vous pouvez être considéré comme complice... Quoi? Quelle preuve je vous apporte? Mais cette viande, pardi!... Ça ne suffit pas?... Eh bien, nous verrons si ça ne suffit pas! »

Il s'était échauffé en parlant. Lorsqu'il s'arrêta, ses membres tremblaient; quelques gouttes de sueur perlaient à son front. Il les essuya d'un revers de main puis, retournant vers le meuble où il avait posé la viande, il prit le paquet, ouvrit la porte vitrée de la partie supérieure du buffet, posa le paquet sur le plus haut rayon, referma et mit la clef dans sa poche. Beaucoup plus calme, il revint vers le chat en ajoutant :

— Ne t'inquiète pas, va. Il faudra bien qu'il m'écoute... Seulement, en attendant, il faut tout de même que tu manges, toi.

Il retourna vers le meuble dont il ouvrit le corps inférieur, et revint avec une boîte de sardines à l'huile qu'il posa sur la table. Il fouilla ensuite dans le tiroir, en sortit une longue clef et ouvrit la boîte. Le chat vint se frotter contre sa jambe, flaira vers le haut, puis, lentement, retourna près du feu. Félicien alla prendre dans l'égouttoir une assiette propre et une fourchette. Quand il eut posé une sardine sur l'assiette, il la porta à terre, près du rideau. Au bruit que fit l'assiette sur le plancher, le chat se précipita, flaira la sardine, regarda Félicien, puis regagna sa place devant le poêle.

— Tu ne vas tout de même pas me dire que tu te méfies aussi de l'épicier?

Félicien était atterré. Il reprit l'assiette, flaira à son tour la sardine et conclut :

— Non, cette fois, tu as tort. Je suis certain qu'elle est très bonne. Tiens, regarde.

Prenant entre ses doigts un morceau de la sardine, il le mangea.

— Très bonne, tu sais, vraiment très bonne.

Il en prit un autre morceau, le tendit au chat qui finit par le manger du bout des dents, comme à regret

— Tu vois, c'est bon... Je comprends que tu te méfies, mais tu exagères un peu. Tu finirais par m'effrayer, si je t'écoutais. Enfin, comment veux-tu qu'un épicier puisse empoisonner des sardines sans ouvrir la boîte? Allons, il faut être logique.

Il reposa l'assiette à terre, empoigna Manou et le porta à côté. Le chat hésita encore, puis se mit à lécher l'huile, mangeant quelques miettes du poisson.

— Ce qu'il faudrait, conclut Félicien, c'est que je puisse aller chercher la viande dans un autre village... Mais c'est trop loin. Je ne peux pas laisser la maison si longtemps... Alors quoi?... Faire prendre notre viande par quelqu'un de sûr? Mais qui?... Personne! Je ne vois personne en qui je puisse avoir confiance.

Le chat s'étant éloigné de l'assiette où restait toute la queue du poisson, Félicien se dirigea vers le fond de la pièce. Au-dessus du lit, à côté d'un petit crucifix de plâtre, un cadre doré était suspendu qui contenait une photographie. C'était un visage de femme d'une cinquantaine d'années, mince, aux lèvres un peu pincées, aux cheveux tirés en arrière. Félicien le contempla un moment et laissa filer plusieurs soupirs avant de murmurer :

— Ma pauvre Noémie. Quand tu étais là, tout était plus facile. C'est depuis que tu n'es plus de ce monde qu'ils m'en veulent tous. Mais ça n'est plus une vie... Le jour, la nuit, tout le temps à me guetter... Ils ne me laisseront pas une minute en paix. Pas une minute, tu entends? J'en arrive à ne plus oser m'éloigner... C'est qu'ils seraient capables d'entrer ici durant mon absence.

Il quitta le portrait des yeux, et, le dos courbé comme s'il eût porté toute la haine du monde sur ses épaules maigres, il marcha vers la fenêtre. Demeuré légèrement en retrait, il entrouvrit à peine le rideau du bout du doigt et se mit à observer la rue. Une vieille femme passa, se dirigeant vers le village, puis, dans le sens opposé, deux enfants qui se poursuivaient. Il les suivit du regard et, lorsque la rue fut de nouveau déserte, il laissa retomber le rideau et se retourna.

Le chat s'était couché derrière le poêle, dans un cageot de vieux journaux et de pommes de pin. L'homme s'approcha, ouvrit le dessus du poêle où il vida la moitié du charbon qui restait dans son seau.

— Demain matin, observa-t-il, faudra que je descende à la cave. Ils vont encore me guetter.

Il posa le récipient et remit en place le couvercle de fonte noire.

— Et toi, tu dors, dit-il en posant le pique-feu à côté du cageot où se trouvait le chat.

L'animal, qui était lové sur lui-même, la tête contre le rebord de bois, ouvrit à moitié l'œil droit, coulant un regard rapide en direction de son maître.

— Tu dors... ou bien tu fais semblant... Oui, oui, ferme l'œil, je t'ai vu, va... Il y a des moments où je me demande ce qui peut bien te trotter par la tête... Tu n'étais pas le même quand notre pauvre Noémie était là... Non non, tu n'étais pas comme ça.

Félicien resta immobile un long moment à

14

fixer le chat qui semblait dormir. Sans bruit, il gagna son fauteuil où il s'assit, la tête appuyée contre le haut du dossier. Ainsi, les paupières closes, il demeura longtemps sans un geste, avec seulement les muscles de son visage qui continuaient de mener leur vie indépendante de sa volonté. Ses paupières se plissaient sans s'ouvrir, ses sourcils se haussaient, ses lèvres se serraient parfois tandis que ses mâchoires se contractaient pour mâcher des mots qu'il ne laissait pas échapper et qui, lorsqu'il les refoulait en lui, imprimaient au passage des mouvements curieux à sa pomme d'Adam et aux veines saillantes de son cou.

Une heure passa ainsi, durant laquelle le jour qui diminuait céda imperceptiblement devant la lueur rouge qui coulait des deux micas déchirés du foyer. Le feu ronflait à peine, et la clarté des braises s'avivait quand une gifle de vent frôlait le toit. Les lampes de la rue n'étaient pas encore allumées, et seul le demi-jour gris qui suintait d'un large nuage uniforme accrochait un reflet aux deux bougeoirs de cuivre et à la lampe pigeon qui se trouvaient sur le rebord de la cheminée. A plusieurs reprises, des pas approchèrent, claquant ou traînant sur les pavés de la rue. Chaque fois, les mains de Félicien se crispèrent sur les bras du fauteuil où elles reposaient comme deux bêtes nerveuses jamais habitées d'un véritable sommeil.

Lorsque les lampes de la rue s'allumèrent et que leur lueur inonda le plafond, Félicien ouvrit les yeux. Il fixa un moment ce plafond où se dessinaient les ombres déformées des pots de fleurs posés sur le rebord de la fenêtre et dont le vent agitait parfois les tiges mortes. Félicien replia ses jambes dont les articulations craquèrent, soupira deux fois et se leva en grimaçant. Il posa sa main sur ses reins douloureux, acheva de déplier son corps trop long, puis s'en fut jusqu'à la porte et tourna l'interrupteur. Une ampoule fixée sous un abat-jour de verre opaque au rebord dentelé éclaira la pièce et obligea l'homme à cligner des paupières. Le chat enfonça son museau dans le pelage de son ventre, et ramena sa patte sur son œil pour se protéger de la lumière.

— C'est ça, grogna Félicien, fais semblant de dormir. Et prends-moi bien pour un imbécile.

Il se dirigea vers le lit, mais en cours de trajet, il se retourna plusieurs fois pour surveiller le chat qui n'avait pas bougé. Félicien ouvrit son lit et commença de se déshabiller Le chat souleva la tête, et, le regard au ras du cageot, il observa son maître durant quelques minutes avant de se lever. Il s'étira, fit le gros dos, se lécha le poitrail et la patte qu'il passa ensuite derrière son oreille. Félicien l'avait vu, mais il affectait de ne pas s'intéresser à lui. Pourtant, dès que l'homme fut couché, l'animal sauta hors du cageot, traversa la pièce à pas comptés, en roulant les épaules, et vint se coucher sur le lit, le long des jambes de Félicien qu'il se mit à fixer de ses yeux grands ouverts où l'homme crut lire une interrogation.

Il allait lui dire : « Tu peux rester là, tu le sais bien », lorsque le chat leva la tête vers le plafond. Le pas recommençait.

— Ah! cette fois, tu l'as entendu avant moi! constata Félicien. Ecoute... Trois, quatre, cinq, six... Encore six... Et voilà que ça continue... Cette fois, c'est le grand jeu. Elle ne s'arrête plus. Mais je connais la musique : c'est une façon de brouiller les pistes.

16

Il y eut un bruit de chaises traînées sur le parquet, puis, plus rien. Quand le regard de Félicien revint au chat, ce fut pour constater que l'animal s'était allongé sur le flanc, les pattes étirées, la tête à demi renversée et les yeux clos.

— Tu as beau jouer les indifférents, tu n'es pas plus tranquille que moi... Je le sais bien, va!... Je ne suis pas dupe de ta petite comédie, seulement, il y a des moments où je me demande pourquoi tu la joues.

Félicien attendit un bon quart d'heure sans bouger, l'oreille tendue, le regard errant le long des trois crevasses sinueuses du plafond. Mais tout demeurait silencieux et il finit par actionner la poire suspendue à un fil au-dessus de son lit. L'ampoule s'éteignit, et, peu à peu, le regard de l'homme s'habitua à la pénombre. A travers les doubles rideaux qu'il avait tirés avant de se coucher, la lumière de la rue filtrait. Elle passait aussi à la jointure et au ras du plafond, toute peuplée de vagues qui s'animaient davantage à chaque saute de vent. Le rougeoiement du poêle refluait lentement sur le plancher inégal.

Quand Félicien voulut se tourner sur le côté pour essayer de trouver le sommeil, le mouvement qu'il fit réveilla Manou dont les yeux brillèrent d'un éclat presque blanc.

— Qu'est-ce qu'il y a encore? demanda Félicien.

Le chat planta ses griffes dans la couverture pour mieux s'étirer.

— Ne carde pas comme ça! lança l'homme.

Peut-être parce que son maître avait un ton de colère, l'animal sauta du lit et traversa la pièce. Félicien le devinait à peine, mais il comprit qu'il se tenait vers la porte. Il prit la lampe de poche qui se trouvait sur sa table de chevet, l'alluma et dirigea le faisceau directement sur le chat. Deux agates émeraude brillèrent un instant puis s'éteignirent.

— Qu'est-ce que tu fais là-bas, hein?

Félicien avait crié, et le chat bondit vers le poêle, crocheta sur sa droite et se coula sous le rideau du coin de cuisine. Le faisceau clair courut au ras du plancher, cherchant les petites pattes blanches.

— Qu'est-ce que tu as, gros bêta, tu n'as tout de même pas peur de moi? Allons, viens te coucher, il n'y a rien. Cette fois, je suis certain de n'avoir rien entendu.

Félicien éteignit sa lampe qu'il remit à sa place, puis il s'allongea et ferma les yeux. Le temps coula, poussant devant lui le silence de la nuit qui allait son chemin en s'alourdissant à chaque pas.

Lorsque le chat regagna sa place sur le lit, Félicien le sentit à peine.

Cette nuit-là, Félicien dormit lourdement jusqu'à l'heure où l'aube d'hiver commença de filtrer à travers la double épaisseur des rideaux.

Réveillé, il s'accouda sur son lit, se frotta le visage, faisant crisser sa barbe sous ses doigts rêches. Son premier regard fut pour chercher le chat qui se tenait accroupi entre les trois pieds du poêle éteint. Sans le quitter des yeux, Félicien se leva pour ouvrir le premier rideau. La pénombre recula vers les angles où elle se réfugia. Sans remuer, le chat ouvrit les yeux et regarda son maître qui demanda :

— Qu'est-ce que tu avais, toi, cette nuit?... Et qu'est-ce que tu as encore, à me regarder de la sorte?... Ça ne me plaît pas du tout, tu sais. On dirait que tu te méfies de moi.

L'homme retourna près de la fenêtre, écarta le rideau transparent et scruta la rue. Rien. La rue était vide. Félicien hocha la tête, avançant les lèvres en une moue qui témoignait de son inquiétude. Quand il se retourna, Manou le regardait toujours. Il fit quelques pas, le chat tourna la tête pour le suivre des yeux. Il s'arrêta, et le regard de la bête se fixa sur lui, froid, sans le moindre cillement.

— Toi, murmura Félicien, tu as exactement l'air de quelqu'un qui me surveillerait.

Il s'en fut jusqu'au coin cuisine, emplit d'eau une casserole qu'il posa sur le réchaud à gaz. Avant d'allumer, il se retourna. Manou l'observait toujours.

— Ça, murmura-t-il, c'est tout de même inquiétant.

Il alluma le gaz, rangea la boîte d'allumettes et revint près du poêle. Comme il ouvrait la porte du foyer pour tirer les cendres, le chat s'éloigna.

— Tu me surveilles, remarqua Félicien, mais quand je viens vers toi, tu fais semblant de ne pas me voir.

Le chat s'était assis sous la table, et, de nouveau, il regardait son maître qui reprit en élevant légèrement la voix.

— Tu fais semblant de ne pas me voir, mais tu vas te mettre dans l'ombre pour mieux m'observer. Et tu te figures que je ne m'aperçois pas de ton manège.

Félicien demeura un long moment devant le poêle, un genou en terre, la main droite sur le pique-feu comme sur une canne, puis, comme le chat baissait les paupières, il se décida tout de même à s'occuper de son feu. Quand il eut terminé et balayé les cendres qui avaient coulé à côté de la pelle, il s'éloigna pour préparer son café. Pourtant, tout en versant l'eau sur la poudre, il lançait de temps à autre un regard vers Manou qui était revenu s'installer près du poêle.

— Bien sûr, murmura-t-il, d'ici, tu peux mieux surveiller mes mouvements.

Il acheva de verser l'eau sur le café, se servit, déjeuna, mais tout en accomplissant machinalement ces gestes, il observait le chat et réfléchissait. Quelque chose le tourmentait qu'il n'arrivait pas à définir. Quelque chose qui venait de ce regard vert sans cesse posé sur lui. Il était en train de laver son bol, lorsque tout s'éclaira soudain. Il s'essuya les mains en toute hâte, et se précipita vers l'étagère fixée au-dessus de son lit. Une vingtaine de livres étaient alignés là. Sans hésiter, il en prit un, le troisième de la rangée. Il le feuilleta pour s'arrêter à une page du deuxième chapitre. Il lut à peu près la moitié de la page, puis, refermant le livre, il se laissa tomber sur le bord de son lit.

— C'est bien ça, fit-il en regardant Manou. C'est bien ça. Déjà hier soir quelque chose me travaillait. Je cherchais, mais je n'arrivais pas à trouver... Zéro zéro sept... Ton regard me rappelle celui de zéro zéro sept... L'espion... Cet espion qui peut prendre les aspects les plus inattendus.

Il se mit à rire. D'un rire rocailleux qui le secouait tout entier et lui faisait mal jusque dans le ventre. Il se leva, et, tenant toujours le livre sur lequel sa grande main frappait à plat, il s'approcha du chat en disant :

— Ça alors, ce serait un comble... Toi... Toi tu oserais faire une chose pareille?

Il marqua un temps, s'arrêta à trois pas du fourneau, puis cria :

— Ah non! hein?... Non! Tu n'es tout de même pas à leur solde?... Pas avec eux?

Effrayé par ce brusque éclat de voix et ces claquements de main sur la couverture cartonnée, le chat bondit vers la droite, fila sous la table et, s'aplatissant, les pattes de derrière allongées, il disparut sous le sommier.

— Tu as peur? Tu te sens découvert et tu as peur, hein?

Félicien sentait monter en lui une terrible colère. Son regard fit très vite le tour de la pièce.

— Dire que je me suis laissé rouler comme un naïf que je suis.

Il courut au coin cuisine, et, d'une main qui tremblait, il empoigna le balai. A quatre pattes devant le lit, il passa le manche entre le plancher et le bois du sommier. Le chat réussit plusieurs fois à lui échapper mais, finalement, Félicien parvint à le saisir par une patte. L'animal tenta encore de s'agripper, mais l'homme finit pourtant par le tirer à lui. Des toiles d'araignées et de la poussière étaient collées au poil gris. Il les fit tomber de la main puis, prenant le chat sous les aiselles, il se redressa et le souleva au niveau de sa figure. Le tenant à bout de bras, il le secoua en disant :

— Tu espérais peut-être m'échapper, pauvre imbécile, tu me crois donc bien bête!

Pour éviter l'haleine de l'homme, le chat tournait la tête, tantôt à gauche, tantôt à droite.

— Tu n'oses même pas me regarder en face. Tu refuses de t'expliquer?... C'est un aveu, alors?

Manou pendait de tout son poids, immobile, les yeux à peine entrouverts. Félicien le maintint quelques instants ainsi puis, plus calme, il s'assit sur le lit et coucha la bête sur ses genoux, la tête vers l'avant. Le maintenant d'une main, il se mit à le caresser en hochant la tête, encore incrédule.

— C'est impossible, dit-il d'une voix presque tendre. Tu ne peux pas m'avoir joué la comédie si longtemps sans te trahir. Tu ne peux pas faire une chose si horrible... Te mettre avec les autres parce que notre pauvre Noémie n'est plus de ce monde... Tu as bien vu que j'ai tout tenté pour la sauver.. Oh! je sais, je ne suis pas un saint. Elle n'a pas toujours eu la vie rose avec moi... Mais tout de même, elle a eu de bons moments. Depuis quelques années, on ne se chamaillait même plus... J'ai tout dépensé pour la soigner. Tout... Toutes nos économies dispersées en six ans... Jusqu'à vendre notre maison pour venir ici, dans cette foutue cambuse où j'étouffe; où les autres me font une vie impossible. Elle non plus, elle ne se plaisait pas ici. Mais il fallait bien la soigner. Payer le docteur, les remèdes, tout... Toujours payer, payer, trouver des sous.

Félicien se tut, hésita un instant puis, doucement, posa le chat à terre. Manou le regarda avant de s'éloigner lentement pour s'arrêter au milieu de la pièce où il se mit à faire sa toilette. Félicien se leva, se tourna vers le portrait de sa femme pour lui dire avec un long soupir :

— Ma pauvre Noémie, si c'est vrai qu'il me trahit, il vaut mieux que tu ne sois plus là pour le voir.

Il s'interrompit soudain pour écouter le bruit de pas à l'étage supérieur. Il resta longtemps ainsi, le regard allant du plafond au chat qui continuait de lisser son poil gris.

— Fais l'innocent, va, répéta-t-il à plusieurs reprises avec un sourire de mépris.

Quand le pas cessa, il alla recharger le fourneau. A présent le seau à charbon était vide. Il le porta jusqu'à la porte, mais, au moment de sortir, il renonça. Le cœur battant, il attendit encore puis, posant le récipient noir près du poêle, il courut à la fenêtre qu'il ouvrit pour se pencher vers la rue. Aussitôt, le chat bondit à côté de lui et sortit sur la planche où se trouvaient les pots de fleurs. Félicien l'empoigna d'une main et claqua la fenêtre dont il manœuvra rageusement la crémone qui forçait dans sa gâche.

— C'était lui, dit-il. L'homme au chien noir, je m'en doutais. Et tu as eu le temps de faire ce que tu voulais, hein? Vous avez un code secret... Ça ne m'étonne plus, que tu sois sur cette planche dès que j'ouvre la fenêtre. Et comme un vieil imbécile, je te laissais faire! Qu'est-ce que tu lui as transmis, hein?

Il éclata soudain d'un rire qui le soulagea.

— Je parie que tu lui as dit ce qui t'arrive... C'est bien vrai, n'est-ce pas?

Il tenait toujours le chat serré contre sa poitrine. Il réfléchit un moment, puis, plus bas, il dit encore :

— Mais non. Ce n'est pas possible. Tu n'as pas commis la sottise de lui dire que je t'ai démasqué... Tu dois bien connaître la règle : un espion démasqué est un espion mort. Si tu as fait cette gaffe, ils te supprimeront à la première occasion.

Il se tut et serra le chat un peu plus fort. En haut, la porte venait de s'ouvrir et de se refermer. Le pas descendait l'escalier. Comme le chat remuait, à voix basse, Félicien ordonna :

— Ne bouge pas. Je ne veux pas que tu approches de la porte.

Le pas hésita un instant sur le palier, puis descendit. La porte du bas grinça deux fois avant de claquer. Sur la pointe des pieds, Félicien avança jusqu'à une vingtaine de centimètres de la fenêtre. Tenant sa main ouverte devant les yeux du chat, il se pencha sans toucher au rideau.

— C'est elle, souffla-t-il... Et avec son grand sac noir. Toujours ce sac noir. Et elle le change encore de main pour que je ne puisse pas voir ce qu'elle emporte.

Il laissa la femme s'éloigner, puis, d'une voix normale, il expliqua :

— Elle a regardé la fenêtre. Elle devait espérer que tu y serais... Mais bernique.

Il se tourna en direction de la rue, et, d'une voix aigre, il lança :

— Bernique, mademoiselle Dufernois! Vous êtes refaite. Vous pouvez passer cent fois, je m'en balance. Il ne sortira plus... Il pourrait prendre froid, le pauvre chéri.

Sa voix fut étranglée par un rire qui se prolongea tandis qu'il disait, à mots hachés :

— Il prendrait froid, et je serais obligé de le soigner... Soigner l'espion qui venait du froid. Ah, ah, le petit zéro zéro sept... Fini, mademoiselle Dufernois... Grillé, comme vous dites dans votre jargon... Définitivement grillé.

Il écarta le chat de sa poitrine pour mieux le voir, puis, l'ayant examiné un moment avec une grimace qui striait son visage de rides profondes, il le lança sur le fauteuil en disant :

— Tu me dégoûtes, tiens! Tu n'as pas de pudeur... Pas un grain d'amour-propre.

Le chat s'était réfugié dans son cageot derrière le poêle. Inquiet, il n'osait pas se coucher et observait son maître, prêt à filer s'il sentait poindre une menace précise. Mais Félicien le quitta des yeux pour fixer le haut du buffet. Se prenant le crâne à deux mains, il s'exclama :

— Imbécile! Pauvre gourde que je suis. Quand je pense que j'allais porter cette viande à la gendarmerie. Il allait bien se payer ma tête, le brigadier... Et toi aussi, sale charogne. Tu voulais te couvrir... Tu... tu jouais le double jeu. Tu gagnais sur tous les tableaux, et tu me ridiculisais aux yeux des autorités.

Il s'approcha du cageot, soudain frappé par une vérité qui lui avait jusqu'alors échappé.

— Mais j'y pense : tu pouvais même me faire condamner pour outrage à magistrat... C'est sans doute ce que tu espérais... Est-ce que ça faisait partie de leur plan? De la mission qu'ils ont eu le culot de te confier?... Bien entendu, tu respectes la règle. Tu n'avoueras jamais.

Il alla jusqu'à la fenêtre, jeta un regard rapide d'un bout à l'autre de la rue, puis, revenant près du chat, il laissa crever sa colère.

— Mais je vais y aller tout de même, à la gendarmerie... Et tu vas y venir avec moi... Je dirai : « Monsieur le brigadier, je vous en livre un pieds et poings liés. A vous de jouer pour mettre la main sur le reste du réseau. »

Il se mit alors à marcher du lit au fourneau sans plus s'occuper du chat qui, sans fermer les yeux tout à fait, finit pourtant par se coucher, le menton sur le rebord du cageot. Il s'écoula ainsi une bonne demi-heure, et Manou semblait s'être habitué à ce va-et-vient de son maître, quand celui-ci revint vers lui, se penchant pardessus le fourneau, et l'empoigna presque brutalement en criant :

— Est-ce que tu sais ce que tu risques?... A ma place, j'en connais qui ne seraient pas embarrassés. Ils t'exécuteraient sans faire d'histoire... Comme ça.

Il s'agenouilla, et, tenant le chat sous les pattes

de devant, il lui colla le dos contre le pied de table en expliquant :

— Attaché au poteau, et fusillé... Comme zéro zéro sept... Et tu ferais sans doute comme lui, tu refuserais qu'on te bande les yeux. Je te connais, tu as du cran. Tu saurais prendre sur toi pour m'en mettre plein la vue... Bluffer jusqu'au bout. Mais sois tranquille, je n'en ferai rien. Je ne suis pas de votre monde, moi. Je veux que ton procès soit régulier.

Il lâcha l'animal qui s'éloigna sans hâte, comme s'il se fût peu à peu habitué à ces éclats de voix qui duraient à présent depuis plus de deux heures.

Félicien le regarda encore avec mépris, puis épuisé par cet effort, il se laissa tomber dans son fauteuil et prit sa tête dans ses mains en murmurant :

— La seule chose que je redoute, c'est leur indulgence... Leur faiblesse... Avec ta façon de jouer la comédie, tu es bien capable de les attendrir... Je te connais, tu nous as toujours menés par le bout du nez, ma pauvre Noémie et moi. Ce que nous avons pu être bêtes, avec toi! C'est inimaginable!

A présent, il parlait sur un ton presque compatissant. Il avait des hochements de tête très lents, et des grimaces qui faisaient passer son visage du sourire crispé à la moue de pitié, presque de peur. Il se leva, comme accablé de fatigue, et, traînant ses chaussons sur le parquet aux clous luisants, il alla prendre près de l'évier une bouteille de lait. Il en versa la moitié d'une tasse qu'il posa à terre à côté de l'assiette où il n'y avait plus que quelques minuscules morceaux de peau de sardine collés à la porcelaine blanche.

— Oh! ne crains rien, promit-il. Je te nourri-

26

rai convenablement. Tu seras traité comme les prisonniers.

Le chat vint flairer le lait mais se retira sans y avoir touché.

— Tu ne veux pas boire ? A ton aise... tu ne seras pas le premier à faire la grève de la faim, mais moi, tu sais, il en faut un peu plus pour m'ébranler.

Félicien réfléchit un moment, puis se décidant brusquement, il ferma le double rideau de la fenêtre, enfila sa veste de velours, prit le seau à charbon et sortit. Resté seul, le chat se leva, et alla s'accroupir derrière la porte, le nez au ras du plancher. Son maître ne fut pas absent longtemps, et dès qu'il l'entendit remonter l'escalier en grande hâte, il vint se placer à côté de la porte. Félicien ouvrit lentement, et du pied, il repoussa Manou en ricanant.

— Ah! tu espérais me surprendre et me filer entre les jambes... Un peu naïf, mon ami... Un peu naïf... Quant à être délivré par tes complices, n'y compte pas, tiens, regarde, je boucle.

Il poussa la targette, puis, allant rouvrir le rideau intérieur il ajouta :

— Pour ce qui est de la fenêtre, fini aussi. Elle ne s'ouvrira plus... Ni message ni possibilité de prendre la clef des champs...

Il se tut. Sur ces derniers mots, son visage s'était soudain éclairé. Il réfléchit et consentit à expliquer :

— D'ailleurs, si tu filais, ce serait ta perte. Ce sont tes amis qui te supprimeraient. Ils te liquideraient, comme ils disent dans leur métier. Et en douceur, encore... Un accident. Généralement, c'est ce qui arrive aux espions... Hé oui... Un accident...

Il s'arrêta, comme heureux de se répéter ce mot.

Tout en garnissant de boulets le foyer du poêle, il tournait et retournait ce mot dans sa tête. Il referma le fourneau, et sembla se désintéresser complètement de son prisonnier durant tout le temps qu'il mit à préparer son repas. Il interrompit seulement son travail quelques minutes pour écouter la voisine qui regagnait l'étage supérieur et compter ses pas. Ensuite, il dressa le couvert, et mangea la soupe qu'il avait fait réchauffer et les pommes de terre qu'il avait fait sauter à la poêle. Il avait donné à Manou une autre sardine, mais le chat préférait se frotter contre les jambes de son maître et mendier de petits morceaux du lard qui avait grillé avec les pommes de terre. En le regardant manger, Félicien répétait sans cesse :

— Est-ce possible... Ma pauvre Noémie, c'est à peine croyable... Et pourtant, les preuves sont là... Accablantes... Accablantes...

L'après-midi s'étira. Félicien essaya plusieurs fois de lire, mais ce n'était pas possible. Dès qu'il se plongeait dans un livre, il lui semblait que quelque chose d'insolite se passait soit dans la rue, soit à l'étage supérieur. Il écoutait, s'approchait de la fenêtre pour guetter. Rien... Rien que des craquements de l'immeuble, des pas sans signification de Mlle Dufernois, le passage dans la rue étroite de gens qui ne faisaient probablement pas partie de la bande.

Un peu avant la tombée de la nuit, pourtant, le chat qui avait dormi dans son cageot sans broncher depuis la fin du repas, se leva et s'isola un moment derrière le rideau du coin cuisine où se trouvait une petite caisse remplie de cendres. Quand il revint, il se secoua les pattes comme il faisait toujours, mais en surveillant son maître d'un regard étrange. Félicien fit mine de se plonger dans un roman, mais il n'en observa pas moins le chat qui alla deux fois du fourneau à la porte, puis deux fois de la porte au fauteuil. A chaque passage, il se frottait le flanc gauche contre le pied de la table. Il avait à peine terminé ce manège, que le pas d'un homme résonnait sur le trottoir. Félicien se précipita. C'était bien l'homme au chien noir. Le jour avait considérablement décliné, mais les lampes de la rue n'étaient pas encore allumées. Cependant, Félicien ne pouvait s'y tromper, c'était bien l'homme au chien noir. Et le chien était là également, comme toujours, inséparable de cet individu étrange qui ne lâchait jamais la laisse.

L'homme et le chien allaient sortir du champ de vision de Félicien lorsque, sur le mur qui borde la propriété en friche située de l'autre côté de la rue, un rectangle de lumière se dessina. Félicien en reçut un coup qui le fit chanceler et le contraignit à porter une main à son cœur. Mlle Dufernois venait d'allumer sa lampe... Au moment précis où l'homme et le chien disparaissaient, la lampe s'était allumée. Ça ne pouvait pas être une simple coïncidence... C'en était trop.

Pour en avoir le cœur net, Félicien se retourna : le chat avait cessé son va-et-vient. Tout s'enchaînait donc. Le manège de Manou, le passage de l'homme au chien, la lampe du deuxième, le chat enfin immobile...

Et cette fois, ce fichu animal ne cherchait même plus à donner le change. Il fixait son maître d'un regard absolument insolent.

— Non seulement tu ne cherches plus à feindre, mais qui plus est, tu me nargues! Tu te sais perdu. Alors tu te dis, je préviens les autres, et une fois que c'est fait, advienne que pourra.

Mieux encore, tu m'insultes des yeux tout en sachant que je te tiens en mon pouvoir. En quelque sorte, tu te sabordes... Il faut reconnaître que ça a plus d'allure qu'une évasion ou un suicide.

Il réfléchit un instant. Il avait dit tout cela sans colère. Ce calme qui l'habitait à présent le surprenait. Face à cet animal stoïque, prêt à subir son sort sans une plainte, il se sentait envahi par une sorte d'admiration contre laquelle il parvenait mal à se défendre.

— En somme, dit-il, tu voudrais m'obliger à t'exécuter moi-même?... Eh bien, non, mon vieux, je ne te donnerai pas cette joie. Mais je n'irai pas non plus te livrer aux gendarmes. Tu serais capable de leur filer entre les pattes. Tu es beaucoup trop malin pour eux. Seulement, pour échapper à tes complices, c'est une autre paire de manches... Et ceux-là, tu ne les attendriras pas.

Il se tut un moment, le temps de suivre par la pensée le passage d'un vélomoteur qui pétaradait dans la rue qui coupe celle où donne sa maison. Puis d'un geste lent, avec beaucoup de douceur, il prit le chat dans ses bras, comme il eût fait d'un nouveau-né.

— Tu vois, c'est le meilleur moyen. Et comme ça, ils cesseront leur petit jeu... Ils comprendront que je suis plus fort qu'eux et que je suis de taille à me battre seul... Si je mettais la police dans la course, ils seraient capables d'en déduire que j'ai peur. Pas du tout. Je n'ai absolument pas peur... Je suis même très calme, tu vois? Je peux me battre seul, messieurs. Et en employant vos propres méthodes, encore... Ah! vous voulez jouer au plus fin? Eh bien, je vais entrer dans la partie, moi. Et je vais vous rafler tous vos atouts d'un seul coup.

Il eut un petit rire de triomphe, mais un rire modeste, mesuré, qui n'avait rien d'offensant pour ses adversaires malheureux. Il alla jusqu'à la fenêtre, hésita, puis revint près du portrait de sa femme.

— Noémie, demanda-t-il, est-ce que ça n'est pas la meilleure solution?... Tu vois, mon pauvre Manou, Noémie est d'accord avec moi... Que veux-tu faire? Tu as joué, tu as perdu, c'est la règle... Et à présent, c'est fini, mon pauvre vieux, tu es foutu... Foutu.

Il revint devant la fenêtre, eut encore une hésitation puis, tournant la poignée de la crémone d'une main qui ne tremblait pas, il tira les battants dont les carreaux vibrèrent, se pencha légèrement, et lança le chat dans la ruelle dont les lampes venaient à peine de s'éclairer. Sans s'attarder, il referma la fenêtre en disant :

— Tu peux filer, va. Ils sauront bien te rattraper. Ils sont plus malins que les gendarmes.

Il avait déjà regagné le centre de la chambre, lorsqu'il s'immobilisa, l'oreille tendue. Il venait de percevoir un ronflement assourdi. C'était le moteur d'une voiture passant dans une rue voisine. Le bruit grandit, s'interrompit brutalement, puis reprit, presque rageur, pour décroître très vite. Félicien se mit à rire.

— Ça n'a pas traîné, murmura-t-il.

Mais, lentement son visage se métamorphosait tandis que son rire se muait en un gloussement curieux qu'il tentait vainement d'étouffer. Sa bouche se crispa. Il lutta encore, mais, bientôt, deux grosses larmes roulèrent sur ses joues creuses.

Les mains tendues devant lui et agitées de tremblements, il regagna le fond de la pièce et s'immobilisa devant le portrait qui lui apparut brouillé, secoué par une houle comme s'il eût été peint sur une toile molle et habitée de vent.

— Il le fallait, souffla-t-il. Il le fallait, ma pauvre Noémie... Ce n'était plus une vie... A présent, ce sera tout de même plus facile.

Il s'interrompit pour se diriger vers la fenêtre. Là, il fut repris par son rire. L'homme au chien noir s'éloignait.

— Tu peux passer, va. Tu n'as plus de complice dans la place. Tu te fatigueras avant moi.

Il fit un pas vers le lit, puis changeant brusquement de direction, il courut jusqu'au buffet, ouvrit la porte, empoigna le paquet de viande et alla le jeter par la fenêtre en criant :

— Tiens, ton chien noir a peut-être encore de l'appétit, lui!

Ce soir-là, Félicien s'endormit très vite. Il dormit toute la nuit d'un bon sommeil calme, et, le lendemain matin, quand il s'éveilla, il lui sembla que le soleil se levait sur une journée qui ne ressemblerait pas aux autres. Il prépara son café, alluma son feu et déjeuna beaucoup plus tôt que d'habitude. Il s'entretint de choses et d'autres avec le portrait de Noémie, calmement, presque avec joie.

Lorsque le soleil illumina le pignon de la grosse maison qui se trouve derrière les marronniers, Félicien avait déjà fait son lit et lavé la vaisselle qu'il avait salie la veille. Il allait descendre à la cave chercher du petit bois, lorsque le pas de Mlle Dufernois fit craquer l'escalier. Depuis qu'il s'était levé, Félicien n'avait même pas prêté attention aux allées et venues de la vieille fille. Ce matin, elle pouvait descendre. Elle pouvait même s'attarder sur son palier, cela n'avait aucune importance! Il prêta cependant l'oreille, le cœur à peine battant. Le pas décrut, la porte du couloir grinça et resta ouverte peut-être un peu plus long-temps que de coutume. Pour se prouver qu'il n'avait plus rien à redouter, Félicien entrebâilla sa porte et glissa un regard vers le bas au moment précis où Mlle Dufernois disparaissait. Par l'entrebâillement, Manou était entré, et, avant même que son maître eût repoussé la porte, il vint se frotter contre sa jambe, ronronnant, et poussant du museau le velours un peu raide du pantalon de Félicien.

LE PÈRE VINCENDON

A Suzanne MICHET.

C'était un matin de janvier. Un matin tout blanc et sec comme ces vieux montagnards dont chaque articulation craque, mais qui ont toujours les yeux pétillants de soleil. Il faisait bon dans la cuisine où le feu chantait. J'avais ouvert la fenêtre pour jeter des miettes sur la neige et mon père avait crié :

— Ferme vite, tu nous gèles!

Maintenant, le nez contre la vitre glacée, je regardais les moineaux sautiller dans l'allée.

Soudain, ils s'envolèrent pour se percher dans le poirier, et je vis arriver un être curieux, qui me fit tout de suite penser au petit lapin mécanique que le Père Noël avait apporté à notre voisine. Il sautillait de la même façon, semblait vaciller un peu, tituber, tout comme le jouet. Comme le jouet aussi, il était vêtu de poils gris et ses grandes oreilles se rejoignaient au sommet de sa tête.

Cette apparition m'étonna tant que je ne pus même pas la signaler à mes parents. Quand le pas de l'étrange lapin sonna sur l'escalier de pierre, ils se regardèrent, l'oreille tendue. Les visites étaient rares. On connaissait chaque pas, et ce n'étaient là ni les souliers ferrés du facteur, ni ceux du père Séverin qui heurtait toujours la main courante, du bout de sa canne, ni les sabots d'aucun voisin. Alors, mes parents se levèrent.

Nous étions là, tous les trois, le regard sur la porte derrière laquelle le lapin battait la semelle pour débarrasser ses chaussures de la neige. Nous regardions la porte, mais j'étais le seul à savoir que, derrière, il y avait une espèce de lapin mécanique.

Comme on frappait deux petits coups secs et rapprochés, ma mère alla ouvrir tandis que mon père demeurait debout, la main posée sur le dossier de sa chaise.

Le lapin entra et, aussitôt, il porta sa patte grise à son front et enleva ses grandes oreilles. Puis, comme la bise entrait également, il fit un pas en avant pour permettre à ma mère de refermer la porte. En même temps, il se redressait un peu et sortait de ses épaules de fourrure une petite tête allongée couverte encore de poils gris, mais bien plus clairs que les autres.

Mon père hésita un peu, puis il dit simplement, presque sans surprise :

— Vincendon! C'est Vincendon!

Et c'était vrai. C'était Vincendon.

Mon père nous avait souvent parlé de lui. Mais il était pour nous un nom parmi bien d'autres. Il était un soldat jeune, parmi beaucoup d'autres soldats dont les visages étaient aussi semblables que leurs uniformes. Il était, comme tous ses compagnons morts ou encore vivants, un personnage de quelques histoires que nous connaissions bien, mais il n'était certes pas un vieux petit lapin mécanique susceptible de surgir comme ça, d'un matin d'hiver, et d'entrer dans la cuisine bien chaude avec une grosse bouffée de bise.

Vincendon avait posé sur la table son bonnet de fourrure et ses mitaines. Maintenant, il déboutonnait sa pelisse et tirait de sa poche un grand mouchoir blanc.

— Je n'y vois plus rien, dit-il. La buée, tu comprends, la buée...

Et il riait en essuyant ses lunettes.

— Sacré Vincendon, disait mon père, sacré Vincendon!

Quand il eut essuyé ses verres et ses yeux pleins de larmes, il remit ses lunettes à monture de fer et put enfin nous saluer.

— Ah! il ne fait pas bon vieillir. Maintenant, chaque fois que j'arrive dans une pièce chaude, mes yeux pleurent un bon bout de temps.

Aussitôt, mon père enchaîna, racontant qu'il ne quitterait sûrement pas le coin du feu avant les premiers beaux jours.

Après les présentations, ma mère s'était remise à son ouvrage et moi, délaissant mes moineaux, je regardais Vincendon.

Déjà, mon père et lui en étaient aux souvenirs : le tirage au sort en 1893. Le service militaire. La guerre de 14-18 où ils s'étaient retrouvés, ensuite, près de quinze années sans se revoir, sans même échanger une carte postale.

Tout cela faisait beaucoup de choses à dire et lorsque vint l'heure du déjeuner, ma mère comprit qu'elle devait mettre un couvert de plus. D'ailleurs, Vincendon ne protesta pas. Je me souviens même qu'il nous étonna fort par son appétit. Heureusement, ma mère avait généralement plus grands yeux que nous n'avions grand ventre.

— Sacré Vincendon! disait mon père en lui servant à boire. Tu es toujours le même. Je me

36

suis toujours demandé où tu pouvais mettre tout ce que tu avales.

Et il nous expliqua que, durant son service militaire, Vincendon, reconnu d'une constitution particulière par le major, avait « la double », c'est-à-dire la double ration. Cela amusait d'autant plus mon père qu'ils étaient tous deux petits et maigres.

— Si je mangeais comme toi, disait encore mon père, il y a longtemps qu'on m'aurait enterré.

Vincendon riait, et il reprenait deux ou trois fois de chaque plat en répétant invariablement que ma mère était une excellente cuisinière et qu'il avait précisément « un faible » pour le plat qu'on venait de poser sur la table.

Durant des années, nous devions l'entendre ainsi nous répéter, quatre ou cinq fois par repas :

— Je veux bien en reprendre un peu, c'est excellent et j'ai précisément un faible pour le lapin (ou pour la purée, ou pour la tarte aux pommes).

Il avait un faible pour tout ce qui pouvait se manger.

Autre chose m'intrigua beaucoup dès cette première visite : les mains de Vincendon.

Elles étaient énormes, toutes ridées avec des doigts larges et épais aux ongles légèrement relevés. De plus, elles étaient constamment en mouvement et paraissaient terriblement maladroites. A chaque instant, je m'attendais à le voir lâcher son verre ou sa cuiller dans son potage. Et chaque fois qu'il posait la main sur la table, il me semblait qu'on râpait du bois.

L'après-midi encore, les deux hommes parlèrent beaucoup et Vincendon ne partit qu'à la tombée de la nuit. Je serais bien en peine de dire tout ce qu'ils se racontèrent, mais je me souviens qu'après avoir longtemps parlé du passé ils évoquèrent aussi l'avenir. Vincendon était venu dans la ville pour y visiter un appartement. Il devait s'y installer prochainement, avec sa femme qui était très malade. Il parlait sans tristesse de cette maladie. Il paraissait tout accepter avec résignation. Ainsi avait-il aussi raconté la mort de sa fille unique, et le fait qu'à soixante-cinq ans il devait déménager parce qu'il avait aussi perdu sa situation.

Il nous quitta; ma mère qui était très bonne lui dit :

— Quand vous serez installés ici, il faudra venir nous voir souvent. Et puis, si vous avez besoin de quoi que ce soit, ne vous gênez pas.

Vincendon remercia, remit sa pelisse et nous dit au revoir. Je constatai alors que ses mains étaient en effet encore plus dures et plus râpeuses que celles de mon père.

Dès qu'il fut sorti, je me précipitai à la fenêtre.

On y voyait à peine, mais sur la blancheur de la neige, je pus distinguer le lapin mécanique qui titubait, la tête enfouie dans sa fourrure et les oreilles repliées sur le crâne.

Ma mère alluma la lampe à pétrole tandis que mon père ouvrait la fenêtre pour tirer les volets.

Quand la cuisine eut pris son visage de veillée, mon père s'assit, étendit ses jambes et, posant ses pieds sur la porte de la cuisinière, il commença :

— Sacré Vincendon, va... Je me rappelle, en juillet 93...

Ma mère eut un soupir, elle me regarda et je me mis à rire. Mon père fronça les sourcils, il n'aimait guère être interrompu, mais ce soir-là, peut-être parce qu'il estimait en avoir assez raconté, peut-être tout simplement parce qu'il était trop heureux pour se fâcher, il se contenta de hausser les épaules et de déplier son journal.

Pendant plusieurs mois, personne ne parla de Vincendon. Puis un jour d'été, comme nous achevions de déjeuner, il arriva. Il ne portait plus sa pelisse mais un complet sombre et un chapeau melon. Il nous salua puis, tout de suite, il se mit à pleurer à chaudes larmes, avec de gros sanglots. Il dut encore enlever ses lunettes et, comme il les tenait d'une main, s'essuyant de l'autre avec son mouchoir, je remarquai qu'il tremblait. Avec ce tremblement, ses grosses mains paraissaient encore plus maladroites. Elles semblaient aussi plus grosses et plus abîmées à cause des manchettes blanches d'où sortaient les poignets maigres aux veines saillantes.

Quand le gros de son chagrin fut passé, le père Vincendon nous expliqua que sa femme était morte en arrivant dans leur nouvel appartement.

Elle était enterrée depuis la veille.

— Et pourquoi tu n'as rien dit ? demanda mon père.

Vincendon se remit à pleurer en disant :

— Je n'ai rien dit à personne. D'ailleurs, ici, je ne connais que vous.

— Et... et l'enterrement? demanda ma mère dont le menton commençait à se plisser.

— J'étais tout seul... tout seul avec les croque-morts.

Là, le chagrin de Vincendon acheva d'éclater. Je ne crois pas avoir vu un autre homme pleurer de la sorte. Tout son corps était secoué et semblait danser dans son costume trop grand. Son cou se gonflait, et j'avais peur de voir éclater ses veines. J'aurais bien voulu ne pas être là, mais je ne pouvais me décider à sortir.

Mon père regardait Vincendon en répétant à mi-voix :

— Mon pauvre vieux... Mon pauvre vieux, va!

Il ne savait que dire cela. Ses mains ébauchaient des gestes vagues qui restaient en suspens.

Ma mère non plus ne disait rien, elle avait de grosses larmes sur ses joues. Moi, je ne savais vraiment plus si je devais me mettre à pleurer aussi.

Enfin, Vincendon se calma. Quand il eut remis ses lunettes, il dit encore :

— Je ne voulais pas vous embêter. Et puis, ce matin, je n'ai pas pu tenir plus longtemps, alors je suis venu... Et voilà.

Il paraissait vraiment navré de nous avoir attristés.

— Je ne comprends pas que tu sois resté sans nous prévenir, répétait mon père. Je ne comprends pas.

Il y eut un long silence. Dehors, le jour très chaud s'assoupissait.

— Est-ce que vous avez mangé, au moins? demanda ma mère.

Vincendon affirma qu'il n'y avait même pas songé et qu'il se sentait incapable de rien avaler. En disant cela, il faisait une telle grimace que je crus qu'il allait se remettre à pleurer. Mais ma mère insistait. Déjà, elle ranimait le feu et faisait chauffer quelques restes.

Quand tout fut prêt, Vincendon se mit à table. Lentement d'abord, comme à contrecœur, il mangea. Il mangea longtemps, s'arrêtant seulement de temps à autre pour se moucher. Lorsqu'il eut terminé, ma mère pouvait faire sa vaisselle, toutes les casseroles étaient vides.

Quand il s'en alla, mon père lui fit promettre de venir déjeuner avec nous chaque dimanche.

— Je viendrai, dit-il, je viendrai.

Et il avait un bon sourire encore triste. Il me tapota la joue de sa grosse main si dure puis, avant de nous quitter, il dit encore :

— Il faudra venir me voir aussi, une fois que je serai installé.

— Si tu as besoin d'un coup de main... dit mon père.

— Non, non, ne venez pas avant que l'installation soit terminée.

Il agita sa grosse main, remit son chapeau et s'éloigna dans l'allée, sous le gros soleil. Il n'avait plus son poil gris et ses longues oreilles, mais sa démarche était toujours celle du petit lapin mécanique.

Vincendon revint nous voir régulièrement chaque dimanche. Il ne pleurait plus, mais il parlait souvent de sa femme. Il ne parvenait pas à la croire morte. Et, comme il n'avait jamais vécu avec elle dans l'appartement qu'il occupait, il s'imaginait toujours qu'il allait retourner à Dole, où ils avaient passé presque toute leur vie commune, et que là, il la retrouverait. Ou bien alors, il pensait qu'un beau jour elle viendrait le rejoindre.

Je l'écoutais parler de cela. Je ne voyais dans ses propos rien de bien étonnant parce que je n'avais pas encore une idée très précise de la mort. Pourtant, chaque fois qu'il en parlait, après son départ mon père disait :

— Ce n'est pas bien raisonnable... Je n'aime pas du tout ces choses-là.

Puis, un dimanche, comme nous sortions de table, Vincendon regarda sa montre et dit :

— Il faut que je rentre, il est tard.

Mon père s'étonna.

— Non, non, expliqua Vincendon, depuis quelques jours je me couche à 3 heures de l'après-midi.

— Tu fais la sieste, dit mon père; moi aussi ça m'arrive, en été, quand je me lève tôt.

— Pas du tout, je me couche pour la nuit. Je suis obligé, autrement je ne dors pas. Chaque nuit, c'est pareil. Passé 11 heures du soir, je me mets à penser à elle, et c'est fini, je ne peux plus dormir. Alors c'est pour ça que je me couche à 3 heures, et je me lève à 11 heures du soir.

Mes parents se regardèrent.

— Et qu'est-ce que tu fais à cette heure-là ?

— Mon travail, pardi ! Mon ménage d'abord, et puis je mange. Et ensuite je me mets à l'ouvrage jusqu'au jour. Là, je vais au cimetière et je reprends mon travail jusqu'au soir.

Déjà, il disait « soir » en parlant du début de l'après-midi. Et mon père eut beau le raisonner, il ne voulut jamais rien faire pour revenir à un mode de vie normal. Au contraire, très vite il en vint à considérer que les autres avaient tort de ne pas faire comme lui. Parlant de ses voisins qui rentraient de leur travail à la fin de l'après-midi, il disait souvent :

— Ils ne sont pas raisonnables, ils font un bruit terrible. Ils me réveillent au milieu de la nuit.

Un dimanche matin, lorsqu'il arriva, j'étais

dans le jardin avec mon père qui me montrait un vieux poirier en train de sécher.

— C'est un très bel arbre, observa Vincendon.

Mon père hocha la tête en disant :

— Oui, il a plus de cent cinquante ans. Et ça m'embête de le voir crever.

Vincendon fit le tour de l'arbre en palpant l'écorce avec ses mains râpeuses.

— Il a l'air sain, dit-il. C'est l'âge, c'est tout.

— Oui, c'est l'âge.

— Eh bien, il faudra l'abattre vers la fin de novembre. Nous le débiterons, et je ferai dedans une table pour le petit.

Et Vincendon expliqua tout ce qu'on pouvait faire de beau avec le poirier. Puis il me demanda si j'avais envie d'un bureau; un bureau avec des tiroirs.

J'en avais vu de très beaux, avec des tiroirs allant jusqu'à terre. Et, de ce jour-là, chaque fois que je passais devant le vieux poirier je pensais à MON bureau.

Quelques semaines plus tard, Vincendon nous dit que son installation était terminée et que nous pouvions aller le voir. Le jeudi suivant, mon père m'emmena.

Vincendon habitait le premier étage d'une maison dont les fenêtres donnaient sur le Solvan, une petite rivière presque toujours à sec. Vincendon nous fit tout d'abord entrer dans une grande pièce où il avait aménagé son atelier. Quand nous arrivâmes, il était d'ailleurs en plein travail.

— Fais, fais, dit mon père, nous avons le temps.

Vincendon se remit à l'ouvrage. Ses grosses mains empoignaient de gros outils et s'affairaient autour d'un tout petit morceau de bois maintenu par la presse d'un grand établi. Des copeaux très fins tombaient sur le sol recouvert d'un lino à fleurs rouges et vertes.

— Qu'est-ce que tu fais? demanda mon père.

— Ah! Ah! dit Vincendon, tu vas voir. Tu vas voir.

Et lorsqu'il eut terminé, il se redressa, desserra la presse et nous montra un morceau de bois guère plus gros qu'un crayon, bien plus court, mais tout biscornu.

— Qu'est-ce que c'est? demanda mon père.

Vincendon prit sur son établi un autre morceau de bois encore plus petit, mais qui formait comme une roulette à dents irrégulières. Il l'appliqua sur l'autre et le fit tourner. Chaque dent s'encastrait exactement dans l'une des gorges du premier morceau de bois.

— Tu vois, dit-il, c'est une serrure à secret pour un coffret à bijoux. Il y aura comme ça trois roues. Et pour ouvrir, il faudra parvenir à les mettre d'aplomb.

Mon père hochait la tête. Il ne paraissait pas convaincu.

— Tu verras, dit Vincendon, tu verras.

Il reposa les deux morceaux de bois et nous dit qu'il allait nous faire visiter son appartement. Il prit une brosse et une petite pelle et se mit à balayer les copeaux qui étaient sur le lino. Quand il arriva près de moi, il me dit :

— Lève un pied.

Je levai un pied et il brossa le dessous de ma chaussure.

— Pose-le où c'est propre et lève l'autre.

Je riais. Il fit de même avec mon père puis il brossa le dessous de ses propres chaussures. Je remarquai alors qu'il portait d'énormes pantoufles bariolées. Mon père le remarqua aussi et demanda :

— Où as-tu trouvé tes chaussons?

— C'est moi qui les ai faits, dit-il. Ça n'est peut-être pas très joli, mais c'est rudement solide. Et puis, ça ne coûte pas cher.

Il semblait très heureux de nous montrer son installation. Il faut dire que l'appartement de Vincendon était extraordinaire. Dans la grande pièce : des outils partout. Soit en panoplie contre le mur, soit dans des meubles de sa fabrication dont chacun avait son histoire. Chaque porte était munie d'un système de fermeture particulier, allant du plus simple au plus compliqué, mais toujours en bois. Tout était d'une propreté que je n'ai guère retrouvée que sur les navires.

Vincendon nous conduisit ensuite dans ce qu'il nommait son séchoir. C'était une pièce plus petite où se trouvaient d'innombrables instruments de musique. Violons de toutes tailles, clarinettes, harpes, guitares, mandolines, en un mot tous les instruments en bois. Il y en avait au plafond, contre les murs, sur deux tables et même par terre. Il y avait aussi beaucoup de coffrets, des pieds de table, et de nombreuses planches empilées dans un coin. Là encore, tout était propre, étonnamment propre.

Vincendon nous montra aussi, près de chaque porte, un petit étui en bois fixé au mur à côté de l'interrupteur d'électricité, et contenant des allumettes.

— Vous voyez, dit-il, c'est très pratique; quand il n'y a pas de courant, on n'est jamais pris.

Je regardais tout et, de temps en temps, je regardais aussi mon père qui paraissait décontenancé.

Vincendon nous fit entrer également dans la

cuisine qui n'était que miroitement de cuivre et d'étain, puis il nous conduisit dans sa chambre à coucher.

Là, au premier abord, je crus rêver. Il y avait des oiseaux partout. Des hirondelles surtout, contre les murs et au plafond.

— Ça alors, dit mon père, ça alors!

Vincendon se frottait les mains. Tout son visage souriait. A mi-voix, comme s'il avait redouté que quelqu'un d'autre n'entendît, il nous dit :

— Et j'en ai encore beaucoup d'autres qui ne sont pas terminés. C'est le temps qui me manque, mais ça viendra, ça viendra.

Il nous en montra plusieurs qui étaient à peine ébauchés mais où se devinaient déjà des formes d'ailes, de bec et de pattes.

Pour moi, tout cela était merveilleux, et, depuis que j'avais vu cette chambre, je me sentais beaucoup plus près de Vincendon. De temps en temps, il me tapotait la joue. Je souriais. Il me regardait. Il semblait vraiment heureux.

Mon père lui parla des objets qu'il sculptait en 14, pendant ses loisirs, dans des morceaux de bois tandis que les autres recherchaient des douilles d'obus.

— Ah! dit-il, le métal, ça les attire! Mais ça ne vaut rien. La matière, c'est le bois. C'est la matière noble. Les métaux, ce sont les serviteurs du bois. Ce sont les outils, qu'on fait avec le métal.

Et il nous montra plusieurs meules et des limes dont il se servait pour fabriquer et affûter ses outils. Là seulement il aimait travailler le métal, pour le plier au service du bois.

Quand ses mains caressaient une planche ou l'un des objets qu'il avait travaillés, il y avait dans les yeux de Vincendon et sur tout son visage une joie intense.

En sortant, je demandai à mon père quel était au juste le métier qu'exerçait Vincendon.

— Luthier-facteur de piano, me dit-il en m'expliquant ce que cela signifiait exactement.

Puis, après avoir réfléchi, il ajouta :

— Oui, il est tout ça, mais pour tout ce qui est du bois, c'est un artiste.

L'hiver arriva. Le poirier fut abattu et Vincendon empila lui-même les planches dans le grenier.

— Il est à moitié sec, dit-il, dans un an il sera bon à employer.

Comme je faisais la moue, Vincendon me tapota la joue en disant :

— Pour Noël, je t'apporterai quelque chose qui te fera prendre patience.

En effet, le dimanche avant la Noël, il me remit un gros paquet. Il en remit un plus petit à ma mère.

Nous défîmes chacun le nôtre. Le mien contenait une grande boîte rectangulaire — en bois naturellement — et divisée en tout petits casiers. Dans le couvercle, s'emboîtait une palette. J'étais à la fois heureux et décontenancé. La palette me disait que cette boîte était une boîte de peinture, mais je n'en avais jamais vu de semblable.

Les exclamations de ma mère vinrent heureusement créer une diversion : Vincendon lui avait offert un de ses fameux coffrets. Il n'était pas à secret, mais fermait à clef, et l'entrée de la serrure était faite d'une incrustation d'ivoire. A l'intérieur, il y avait un petit miroir.

— C'est trop beau, disait ma mère. Vous êtes trop gentil.

— Oui, disait mon père, ça c'est du travail!

Puis, prenant le coffret en main, il s'extasiait

devant les queues-d'aronde, les moulures poussées à la main, les doucines profilées au bouvet ou au petit guillaume. Autant de mots mystérieux mais qui me semblaient venus d'un autre monde, d'un monde où le bois était vivant.

Je ne comprenais pas très bien, mais je regardais Vincendon et ses grosses mains.

Enfin, après bien des mois, les planches de poirier furent assez sèches. Un jour, mon père les descendit du grenier et les empila sur une charrette. Une fois le chargement solidement ficelé, je me mis à pousser derrière et nous allâmes chez Vincendon.

Puis il fallut attendre. Attendre de longs mois. Vincendon continuait à venir déjeuner chaque dimanche. Au début, je lui demandais souvent des nouvelles de mon bureau, mais il se contentait de sourire en disant :

— Attends, mon garçon, attends, ça ne se fait pas comme ça... Mais tu verras, ce sera une belle surprise.

J'avais presque fini par oublier le bureau lorsque, un dimanche matin, alors que j'étais encore couché, j'entendis mon père partir avec sa charrette. Lorsqu'il rentra, Vincendon l'accompagnait. Ma mère se précipita pour ouvrir la porte et je vis que les deux hommes portaient une table à pieds tournés et moulurés dont le dessus était enveloppé de papier d'emballage.

Ils posèrent la table à la salle à manger, et Vincendon se mit en devoir de dénouer les ficelles. Comme ma mère voulait l'aider il s'y opposa.

— Non non, surtout, ne touchez pas, laissez-moi faire.

Nous étions là tous les trois à regarder ses gros doigts défaire les nœuds. Enfin, quand il eut enroulé chaque ficelle, il s'arrêta un instant, se tourna vers moi et me dit :

— Regarde bien, c'est là qu'il y a la surprise.

Il empoigna le papier, et, d'un geste mesuré, comme un prestidigitateur qui ménage ses effets, il souleva.

Au milieu de la table dont les bords étaient surchargés de moulures, il y avait en incrustation une double rose des vents. Chaque branche était partagée en deux, et il y avait là huit essences de bois différentes.

Mes parents me regardaient, regardaient la table, puis Vincendon.

Moi, je ne disais rien. Je ne trouvais rien à dire. Au moment où Vincendon avait parlé de surprise, j'avais pensé à mon bureau, mais vraiment je l'avais tellement imaginé monumental, avec des tiroirs jusqu'au sol, que je ne parvenais pas à croire qu'il pût être ainsi.

— Alors, me demanda ma mère, tu es content ?

Je hochai la tête, au bord des larmes.

— Vous voyez, dit ma mère qui avait sans doute compris ce qui se passait en moi, il est tellement ému qu'il en a le souffle coupé.

Vincendon me tapota les joues, puis il se baissa et je compris que je devais l'embrasser. Il avait les joues presque aussi râpeuses que ses mains.

Ma mère nous demanda de passer à table, mais Vincendon voulait encore nous montrer les tiroirs. Car il y avait tout de même deux tiroirs. Deux tiroirs que l'œil ne devinait même pas. Aucune poignée, rien. Pour les ouvrir, il suffisait de mettre la main dessous.

Je ravalai mes larmes. Je comprenais que tout

cela était très beau, mais pour moi, jamais cette table ne serait un bureau.

Les années passèrent. J'avais fini par dire à ma mère à quel point le père Vincendon, surtout en hiver, me faisait penser à un petit lapin. Elle avait ri, convenant que c'était exact, mais elle avait ajouté :

— C'est un brave homme, tu sais. Et il a eu bien du malheur dans sa vie.

Je quittai la ville, et, pendant bien longtemps je n'entendis plus parler de Vincendon. Puis un jour, revenant chez mes parents, j'appris qu'il était malade et qu'on avait dû l'emmener à Lyon, dans une maison de santé. Mon père alla lui rendre visite et quand il revint il nous dit :

— C'est terrible. Ils auraient mieux fait de le laisser mourir chez lui. Il n'est pas d'une nature à faire du mal.

— Pourtant, dit ma mère, là-bas, on le soigne.

— Oui, mais on l'oblige à se coucher la nuit et à se lever le matin. On le drogue pour le faire dormir. Et puis, ce qui lui est le plus dur, c'est de ne plus pouvoir aller au cimetière... Et de ne plus pouvoir travailler non plus.

Ma mère était très triste. Après un long silence mon père dit encore :

— Il m'a donné sa clef. Il m'a demandé d'aller chez lui pour voir s'il n'y a pas trop de poussière et si la rouille n'attaque pas ses outils... Pauvre Vincendon!

Et le lendemain, j'accompagnai mon père. L'appartement de Vincendon paraissait vraiment mort, sans lui. Avant de partir, il avait tout recouvert de vieux journaux ou de torchons. Mon père jugea inutile d'épousseter. Il se borna à regarder les lames des outils. Toutes étaient graissées. Rien ne rouillait.

Mon père fit encore une fois des yeux le tour de l'atelier puis soupira longuement.

— C'est bon, murmura-t-il. Et il referma la porte.

Quand il apprit la mort de Vincendon, mon père regretta beaucoup de n'être pas retourné le voir. Mais les voyages étaient trop chers, et il ne put même pas se rendre à son enterrement.

Comme Vincendon n'avait que de très lointains héritiers, il y eut une vente aux enchères de tout ce que contenait son appartement.

Mon père acheta beaucoup d'outils. Des outils dont il savait sans doute qu'ils ne lui serviraient à rien.

Il revint avec son sac d'outils, et avec, aussi, beaucoup de colère qui grondait en lui. Il nous raconta que le commissaire-priseur avait plaisanté à plusieurs reprises en vendant les oiseaux et les petits coffrets de Vincendon.

— Ces gens-là n'ont pas de cœur, disait-il. Ils ne savent pas ce que c'est que de travailler. Faire un vrai travail, un travail qu'on aime.

Depuis longtemps, mes parents sont morts aussi. Le même commissaire-priseur a vendu leurs meubles. Sur eux aussi il a peut-être plaisanté.

J'ai pu sauver quelques souvenirs. Ils m'ont suivi partout. Ils ont échappé à la misère et aux déménagements successifs. Parmi eux, il y a la table, pardon : le bureau de Vincendon. Il y a le coffre aussi et il y a toujours la boîte de peinture. Elle est sale mais elle a résisté à toutes les brutalités. J'étais encore gosse lorsque, en cachette de mon père, d'un ciseau sacrilège j'ai supprimé les cloisons qui la divisaient en cases trop petites pour des tubes de peinture. Elle a résisté même à cela. Elle était solide, emboîtée à queues-d'aronde, sans un jour, sans une faille. Elle avait été faite avec amour, comme tout ce que faisait Vincendon.

Quand je montre à un amateur de meubles la table ou le coffret, il s'étonne que je conserve ces choses qui n'ont aucun style. Seul un vieil ébéniste les a regardés, un jour, comme ils doivent être regardés.

Moi, quand je passe près d'eux, je caresse ce bois blond, ce bois du vieux poirier de mon enfance. Je le caresse en pensant à Vincendon. Au père Vincendon et à ses grosses mains amoureuses du bois.

LÉGION

A Pierre MAC ORLAN.

Il arriva au village un soir de septembre. Le soleil éclairait encore le sommet du coteau de Chantiver mais les maisons étaient dans l'ombre depuis plus d'une heure. Un vent frais montait de la plaine, couchant les fumées grises vers le bois qui barre le fond du val.

Aux premières maisons, l'homme s'arrêta et regarda, sur sa gauche, la ferme des Laurent, basse et écrasée sous son vieux toit qui descend jusqu'à hauteur d'épaule du côté de la rue. L'homme s'approcha de la murette, se pencha pour mieux voir la cour, puis revint au milieu du chemin et se tourna vers la maison des Bertrand. Comme il se dirigeait vers la porte de la grange restée entrouverte, il entendit appeler :

— Oh! là-bas! C'est après moi que vous cherchez?

La voix venait du haut de la rue. Ils étaient trois dans la pénombre du lavoir, dont un qui s'était avancé jusqu'au bord et faisait signe. D'un coup d'épaule, l'homme remonta son sac et marcha jusqu'à eux. Ils étaient maintenant côte à côte, juste à la limite de l'avant-toit, ils le regardaient venir.

— Bonsoir, dit-il en s'arrêtant devant eux.

Celui qui avait appelé répéta sa question :

— C'est après moi que vous cherchez?

— Non; pourquoi?

— Ma foi, j'ai vu que vous regardiez la maison.

L'homme hésita, eut un sourire pour répondre :

— Je la regardais parce qu'elle est la première du pays. Et, comme la porte est ouverte, je me suis dit : c'est bon signe.

Les trois hommes étaient bien plus jeunes que lui. Celui qui avait parlé était grand et mince avec des cheveux blonds et un visage maigre piqué de son. Il regarda les deux autres puis, se tournant de nouveau vers l'homme, il dit en forçant un peu sa voix :

— Si vous connaissez personne au pays, faudra retourner.

Toujours en souriant, l'homme demanda :

— Retourner où?

— Du côté de la plaine... Ici, il n'y a rien.

— Qu'est-ce que ça veut dire, rien?

Le garçon éleva encore le ton, et son visage se colora tandis qu'il lançait, presque dur :

— Il n'y a rien à trouver. C'est pas la peine de chercher.

Il parut hésiter puis, comme l'homme s'éloignait en direction des autres maisons, il lança encore :

— Non, il n'y a rien à trouver, même pas dans les granges!

A ces mots, l'homme s'arrêta net, comme cloué

au milieu du chemin. Se retournant vers le garçon, sans élever le ton, il lui dit :

— Tu es encore un gamin, petit. Faut pas parler sans savoir, des fois, on risque gros.

Les trois jeunes se mirent à rire. L'homme eut un mouvement d'épaule, mais cette fois, ce n'était sans doute pas uniquement pour remonter son sac. Pourtant, il s'apprêtait à reprendre sa route quand le père Bertrand, ouvrant la porte de sa cuisine, cria depuis le seuil :

— Qu'est-ce que c'est?

Le garçon blond n'hésita plus.

— C'est un rouleux qui cherche à marauder par-là, cria-t-il.

Aussi trapu et lourd que son petit-fils était long et fluet, le vieux s'avança en roulant ses épaules épaisses et en balançant ses bras courts aux mains toutes rondes.

L'homme s'était retourné une fois de plus et, d'un pas décidé, il redescendait la rue à la rencontre du père Bertrand.

Les trois jeunes échangèrent un sourire.

Quand les deux hommes se rejoignirent, ce fut l'inconnu qui salua le premier.

— Bonsoir, dit-il simplement.

— Bonsoir, l'ami, repartit le vieux. Alors, comme ça, tu viens voir quelqu'un par ici?

— Non. Je ne viens voir personne. Je passe, c'est tout. Seulement, comme il se fait tard, j'aimerais autant trouver à coucher ici plutôt que d'aller plus loin ce soir.

— La question de coucher, on peut voir. On n'a jamais laissé personne dehors. Seulement, pour ce qui est de passer...

Le vieux s'arrêta, hésita, puis, se mettant à rire, il reprit :

— Pour ce qui est de passer, tu repasseras, comme on dit. Parce que, ici, on passe pas.

Le visage plissé, moitié sourire moitié étonnement, l'homme demanda.

— Comment ça? Et pourquoi on ne passerait pas? Est-ce que ça serait défendu de suivre les routes, par hasard?

— Non, mais quand il n'y a plus de routes, comment tu fais, toi?

— Vous voulez dire que la route ne va pas plus loin?

Le vieux eut un geste de ses petits bras comme pour dire : « Je n'y peux rien, ce n'est vraiment pas ma faute », et il expliqua :

— Elle ne va pas plus loin. Une fois passée la dernière maison que tu vois là-haut, après le mur où il y a une treille, la route se partage en trois chemins qui vont se perdre dans les terres ou se cogner le nez à la forêt.

L'homme hocha la tête. Cette explication ne semblait pas lui suffire. Il promena longuement son regard sur la montagne du fond de la vallée. Le soleil n'éclairait plus que le bas du ciel et la rouille des bois s'assombrissait. Avec un geste de la main, l'homme demanda au père Bertrand :

— Alors, on ne va pas plus loin que la montagne?

— On peut toujours aller, mais il faut marcher à travers bois.

— Et ça mène où?

— Nulle part.

— Comment nulle part? Il y a bien quelque chose de l'autre côté de cette montagne!

— Bien sûr, il y a d'autres terres. Et puis, des villages aussi. Mais les terres ne sont pas à nous, et les villages sont trop loin, on n'y va pas. Et puis, il y a la falaise à pic; pour passer, faudrait faire un grand détour ou un sacré saut. Nous autres, quand on a à faire, on descend plutôt vers la plaine, si bien que ceux de l'autre côté, on les connaît pour ainsi dire pas.

Les trois garçons s'étaient approchés. Les hommes se turent un moment. Pendant qu'ils parlaient, l'ombre s'était épaissie, montant du fond de la vallée et coulant des bois en traînées violettes. Le long de la rue, plusieurs fenêtres s'étaient éclairées.

— Alors, demanda le vieux, tu veux coucher?

— Si c'est possible, ça m'arrangera bien.

— C'est toujours possible, à condition que tu te contentes de la paille, que tu poses ton sac à la cuisine et que tu te laisses fouiller.

— Avec moi, vous craignez rien. Je vous laisserai mon briquet, mais vous fouillerez quand même, c'est normal qu'on se méfie, quand on connaît pas.

L'homme se tourna vers les jeunes puis, souriant, il ajouta :

— C'est normal, mais il y a façon de le dire.

— Ça va, trancha le vieux, j'ai entendu. Mais la façon, t'inquiète pas, elle leur viendra avec l'âge.

Ils firent quelques pas en silence, puis, haussant les épaules, le vieux murmura encore :

— Ils se calmeront. La terre porte bien des loups.

Deux des garçons s'éloignèrent vers le haut du village. Seul le grand blond suivit les hommes.

Ils allaient arriver à la maison des Bertrand, quand l'inconnu s'arrêta et se pencha au pied du gros tas de fumier carré et bien peigné qui sépare la route du jardin. Il se baissa et se releva aussitôt pour se tourner vers le garçon.

— Tiens, regarde un peu, dit-il en riant, tu me

disais qu'il n'y avait rien à trouver dans le pays.
Tu vois qu'il n'y a pas besoin d'aller bien loin!

Le père Bertand et son petit-fils s'approchaient.
Le jour avait encore diminué et il fallut que le
vieux regardât de très près pour voir que l'homme
avait ramassé un champignon. Distinguant mal
la couleur, il hésitait à parler, mais son petit-
fils le devança :

— Jetez ça, dit-il, c'est moi qui les ai foutus
là. C'est du poison.

L'homme eut un mouvement d'épaule, fronça
un peu les sourcils et demanda :

— C'est toi qui les as cueillis?

— Non, c'est les deux que vous avez vus. Ils
étaient justement venus pour me demander si
c'était des bons ou des mauvais.

L'homme eut un hochement de tête admiratif.

— Ah! dit-il, parce que tu t'y connais?

— Un peu, oui.

— Et il meurt beaucoup de monde, ici, à cause
des champignons?

— Non, justement, parce qu'ils viennent me
trouver.

Tournant le champignon entre ses doigts,
l'homme demanda encore :

— Et ceux-là, comment tu les appelles?

— Des tue-mouches. C'est les plus terribles.

L'homme hocha la tête encore une fois, puis,
très calme, il dit :

— Tu t'y connais sûrement en champignons,
mais moi je m'y connais en bestioles. Et ce qui
est certain, c'est que je ne suis pas une mouche,
alors...

Et il mordit dans le chapeau du champignon
qu'il se mit à mâcher tranquillement. Le grand
blond eut un sursaut et, d'un geste sec, tapa sur

la main de l'homme qui lâcha ce qui restait du champignon.

— Vous êtes fou! Crachez, crachez tout de suite!

Mais déjà l'autre s'était baissé et ramassait de nouveau son champignon.

Hésitant tout d'abord, le père Bertrand, rassuré sans doute par le visage tranquille de l'inconnu, se mit à rire.

— Allons, t'énerve pas, petit. Tu penses bien que s'il le mange c'est qu'il est bon.

L'homme riait, lui aussi et, mordant le reste du chapeau, il se remit à marcher vers la maison en expliquant :

— Non seulement c'est bon, mais c'est un rare. C'est une oronge. Une vraie. Dans les grandes villes, les restaurants vous les payeraient à prix d'or. C'est souvent que vous en trouvez par ici?

— Non, c'est la première fois que j'en vois.

— Et comme ça, sans savoir, tu as décidé qu'ils étaient mauvais?

— Je les ai vus rouges, alors j'ai dit : c'est des tue-mouches.

Les deux hommes se mirent à rire et l'inconnu déclara :

— Ça au moins, grand-père, vous avez un garçon qui a des idées bien arrêtées. Tout ce qui est rouge...

D'une voix qui vibrait un peu, le garçon l'interrompit :

— Riez bien, va. On verra demain matin.

Tout en parlant, ils étaient arrivés à la maison. Le vieux ouvrit la porte et entra le premier pour donner de la lumière.

Aussitôt dans la cuisine, l'homme demanda une lanterne et un panier pour aller ramasser les autres oronges restées sur le fumier.

— Vous comprenez, c'est pas la peine qu'elles y passent la nuit, dit-il, elles pourraient prendre mauvais goût et ce serait bien dommage. D'autant que ce garçon serait trop content de pouvoir dire qu'elles sont immangeables.

Toujours nerveux, le grand blond trancha :

— Vous ne pensez peut-être pas qu'on va les manger, non?

— Mais ma foi si, que vous les mangerez. Vous les mangerez demain, si je ne suis pas mort.

Le vieux ne disait rien. Tout en préparant la lanterne, il observait l'inconnu qui venait de poser son sac près de la fenêtre. Il lui parut difficile de donner un âge à ce visage brun et maigre dont chaque ride semblait sourire. Les yeux étaient pâles, grands et enfoncés avec un tic qui tirait de temps en temps la paupière gauche.

Quand la lanterne fut allumée, le vieux dit à son petit-fils d'aller à l'écurie pour donner le foin aux bêtes et rapporter les seaux de lait.

— Moi, ajouta-t-il, je vais aller avec lui ramasser ces sacrés champignons.

Il grimpa sur une chaise, décrocha un panier qui pendait à une poutre et, le tendant à l'homme, il demanda :

— D'abord, dis-moi comment tu t'appelles. J'aime bien savoir le nom des gens. Moi, c'est Bertrand. Antoine Bertrand. Mais tout le monde m'appelle le Toine.

— Moi, dit l'homme, c'est Lafond.

Il hésita un peu avant d'ajouter :

— Légionnaire Lafond.

Ils sortirent, le Toine portant la lanterne et Lafond le panier. La nuit était sombre et l'on distinguait à peine la jonction du ciel et de la colline. Toutes les maisons avaient maintenant leurs volets clos, et seuls quelques traits de lumière

barraient la rue qui ressemblait à une grande
échelle jaune aux barreaux inégaux et ridiculement frêles. Tout en haut de l'échelle, il y avait
une large tache de lumière avec des ombres qui
allaient et venaient. Et, sans doute parce que
c'était la seule chose qui pût attirer le regard
dans cette nuit, le Toine expliqua :

— C'est la fruitière. Elle est tout en haut du
village. A cette heure-ci, tout le monde s'y retrouve pour porter la traite du soir.

Ils firent quelques pas en silence puis, avant
de monter sur le tas de fumier, le vieux demanda :

— Alors, comme ça, tu t'appelles Lafond... Et
tu dis : légionnaire Lafond, pourquoi?

— Parce que j'ai pris l'habitude. Maintenant,
si j'entends dire Lafond sans qu'il y ait légionnaire devant, j'ai l'impression qu'on parle à un
autre.

Le Toine posa un pied sur une des dalles ver-
ticales qui bordent la fosse et qu'éclairait la lanterne puis, prenant appui d'une main sur l'épaule
de Lafond, il s'enleva d'une bonne détente et sauta sur le fumier. L'homme n'avait pas fléchi d'un
pouce. Il serra la main que lui tendait le Toine
et grimpa lui aussi.

Sans attendre, ils se mirent à ramasser les
oronges éparses et que la lueur faisait apparaître
blanches et rouges, dans l'obscurité, à mesure
qu'ils avançaient.

Lorsqu'ils eurent achevé de parcourir le tas de
fumier, le panier était plein aux trois quarts.

— Il n'y en a pas loin de trois kilos. Bon Dieu,
je m'en serais voulu de les laisser perdre.

Pour toute réponse, le vieux éclata de rire.

— Qu'est-ce qui vous fait rire? demanda Lafond.

— Je pense que s'il en était venu un du pays

et qu'il me voie là, à cette heure, avec ma lanterne, il m'aurait sûrement demandé ce que je faisais. Moi, j'aurais dit : « On ramasse des oronges. »

Ils se mirent à rire tous les deux en regagnant la route.

Quand ils entrèrent dans la cuisine, la mère Bertrand achevait de mettre le couvert.

— Je vois que le petiot t'a prévenue.

La vieille leva vers eux son visage dur où ses petits yeux sombres bougeaient sans cesse.

— Oui. Il m'a dit qu'on avait un homme à coucher. Alors j'ai pensé qu'on lui donnerait la soupe aussi.

Le vieux eut l'air content. Et, s'approchant de la table, il posa le panier entre deux assiettes en disant :

— La soupe et le reste. Il l'a d'ailleurs bien gagné, tiens, regarde ce qu'il apporte.

La vieille se pencha sur le panier. Elle examina les oronges un bon moment, en prit une, détacha le chapeau du pied, puis, se tournant vers les hommes, elle demanda :

— Et c'est ça que vous voulez nous faire manger?

Le Toine haussa les épaules, prit le panier et le porta sur le bord de la fenêtre en disant :

— Faut pas chercher. Le petiot lui aura dit. Et tout ce qu'il lui raconte, c'est parole d'évangile.

Avec insistance, la mère Bertrand essuyait ses mains à son tablier. D'un œil également soupçonneux, elle regardait tour à tour son homme, Lafond et le panier de champignons. Quand elle eut bien essuyé ses mains, elle alla prendre sur la cuisinière un grand fait-tout fumant qu'elle apporta au milieu de la table.

— C'est bon, dit-elle. On va manger la soupe. Mais en tout cas, c'est pas dans mes casseroles que vous ferez cuire votre poison! N'y comptez pas. Ni sur ma cuisinière. Je n'ai pas envie d'emboconner toute ma maison!

Le Toine alla s'asseoir et invita Lafond à prendre place à côté de lui.

— Enfin, dit-il, puisqu'il en a mangé, tu penses bien qu'il n'est pas fou. Il n'a pas la tête d'un homme qui veut se tuer.

— En tout cas, s'il en a envie, qu'il aille le faire ailleurs. Et surtout qu'il le fasse sans nous.

Comme la vieille ne semblait pas disposée à changer d'avis, le Toine préféra en rester là.

— C'est bon, conclut-il, on verra ça demain matin.

Puis, servant la soupe, il se tourna vers Lafond et, comme s'il avait poursuivi une conversation, il reprit :

— Donc, tu dis : légionnaire.

— Oui, légionnaire, approuva l'homme en regardant la buée qui montait lentement de son assiette. Le Toine avala deux cuillerées, avança la lèvre inférieure pour sucer sa moustache humide avant de demander :

— Légionnaire, paraît que c'est pas de la rigolade, à ce qu'on dit... Tu étais où donc? En Afrique?

— Ces temps derniers, non, j'étais en Allemagne. Mais l'Afrique, l'Indochine, Madagascar, tout ça, je peux dire que je le connais comme ma poche.

Le vieux posa sa cuiller dans son assiette et, s'appuyant d'un coude sur la table, il se tourna de côté pour mieux regarder Lafond. La vieille aussi était venue s'asseoir. Elle était en face de son homme et quand le garçon blond revint, il posa un grand bidon vide près de l'évier et prit place en face de Lafond.

Ils achevèrent la soupe en silence, puis, tandis que la vieille s'était levée pour aller chercher le lard et le fromage, le Toine regarda son petit-fils.

— Tu vois, légionnaire qu'il était, lui. Il s'appelle Lafond. Légionnaire Lafond. Et on peut presque dire qu'il a fait le tour du monde.

— Oui, quasiment. En tout cas, si on mettait bout à bout toute la route que j'ai faite à pied, vous pouvez être certains que ça ferait plusieurs fois le tour de la terre.

Le Toine regarda encore longtemps son petit-fils et, se tournant vers Lafond, il demanda :

— Ça fait combien de temps que tu y es?

— Vingt-neuf ans exactement. Mais avec les campagnes qui comptent double, ça me fait juste quarante ans de service. Ça semble pas, mais c'est quelque chose, vingt-neuf ans sans s'arrêter de courir le globe.

La mère Bertrand venait de poser le lard et le fromage sur la table. Le légionnaire tira de sa poche un gros couteau à manche noir qu'il fit claquer avant de l'ouvrir pour faire tomber à terre les miettes de tabac prises dans la gâche.

Les deux autres fixaient le couteau. Le vieux tendit la main :

— Fais voir?

Lafond lui passa le couteau qu'il soupesa et examina longtemps avant de le tendre à son petit-fils.

— Vous voyez, dit Lafond en riant. Il est comme moi, il a fait bien du chemin, mais il ne s'est jamais étonné de rien.

— Toi aussi, il doit en falloir pour que tu sois surpris après ce que tu as vu.

Lafond regarda le vieux, puis le jeune avant de répondre lentement.

— Oui, il a fallu que je vienne jusqu'ici.

Il y eut un silence durant lequel ils se regardèrent tous. Lafond coupa un petit cube de pain, le porta à sa bouche et mâcha un moment avant de continuer.

— Ça peut vous étonner, mais c'est la première fois qu'on me dit : légionnaire Lafond, faudra t'en retourner. Demain, faudra remettre tes souliers dans tes pas d'aujourd'hui parce que la route ne va pas plus loin.

Le vieux eut tout d'abord envie de rire. Pourtant, quelque chose lui disait que l'homme ne plaisantait pas. Il se pencha un peu pour mieux voir. S'arrêtant de manger, l'autre tourna la tête vers lui et le regarda bien en face en ajoutant :

— Et ça, je crois que c'est important.

— Je ne comprends pas.

— Pourtant, c'est simple. J'ai quarante-huit ans. J'ai passé ma vie à courir le globe, et c'est la première fois que je me trouve arrêté parce qu'il n'y a pas de route.

— Tu ne vas pas me dire...

— Mais si. Nous autres, quand il n'y en avait plus, on en faisait une.

Il s'arrêta, baissa les yeux vers son assiette et demeura ainsi un long moment.

Les autres se regardaient. Ils se sentaient mal à l'aise. Quelque chose les retenait de parler. Enfin, le vieux se décida.

— C'est sûr. Ça doit te faire drôle. Mais enfin, c'est pas grave. Si c'est la question de redescendre, tu pourras redescendre avec le camion qui fait le ramassage du lait, ou avec la poste.

Lafond releva la tête. Il eut un semblant de sourire pour dire :

— Non, c'est pas la marche qui me fait peur. Au point où j'en suis!

Il hésitait, il semblait peiner pour trouver ses mots.

— Vous comprenez, avec la compagnie, on passait toujours. Suffisait de suivre le mouvement. Même quand ça accrochait ferme, c'était facile.

— Si je comprends bien, ce qui t'embête surtout, c'est que tu ne sais pas bien où tu dois aller?

— Il y a de ça, oui.

— Mais vous n'avez donc pas de famille?

C'était la mère Bertrand qui venait de poser cette question. Lafond la regarda, réfléchit un instant, puis dit simplement :

— Vous savez, depuis vingt-neuf ans!

Il s'arrêta encore. Le Toine emplit de vin les quatre verres et porta le sien à la bouche. Il le vida d'un long trait, le reposa et suça ses moustaches avant de demander au légionnaire ce qu'il comptait faire.

— Je ne sais pas, avoua Lafond. Il n'y a que trois jours que je suis démobilisé. A Besançon, ça s'est passé, au dépôt.

— Et pourquoi tu es venu ici?

— Comme ça, sans savoir, en marchant.

— Tu es venu à pied depuis Besançon?

L'homme eut un sourire.

— Oui, dit-il. La belle affaire!

Puis, levant son verre, il le vida lui aussi d'un seul trait, mais bien plus vite que le Toine. Ils restèrent encore longtemps sans mot dire. Ils avaient fini de manger et déjà la mère Bertrand commençait à débarrasser sa table. Sur la cuisinière, la bouilloire chantonnait, lançant par son bec recourbé un filet de vapeur qui montait blanc sur le fond noir de la grande cheminée. Quand la vieille eut essuyé la table et jeté les miettes de pain et les couennes de fromage dans la marmite où cuisaient les épluchures destinées à la pâtée des poules, elle prit la bouilloire et la porta sur l'évier. Le chantonnement s'arrêta et le silence se fit plus lourd. Le Toine soupira, se leva lentement et se dirigea en boitillant vers le placard d'où il sortit un litre.

— Qu'est-ce qu'il y a, demanda Lafond, vous boitez?

— Bah! c'est mon arthrite. Dès que je reste assis un moment, ça tire pour me relever. Mais une fois chauffé, ça marche.

Revenu vers la table, il versa dans les verres une bonne rasade de marc.

— Allons, dit-il, c'est pas tous les soirs qu'on a un homme qui a fait tant de chemin. Faut bien marquer le coup.

Lafond remercia en levant son verre. Il but une gorgée, fit claquer sa langue et eut un clin d'œil éloquent.

— C'est du vôtre? demanda-t-il.

— Oui. Mais je parie que tu ne me dis pas tout ce qu'il y a dedans.

Lafond goûta encore puis, lentement, il énuméra :

— Raisin, un. Des prunes, deux... Peut-être de la pomme.

— C'est tout?

— Ma foi...

— Eh bien! non. Il y a aussi des poires et des pêches.

— Ça, j'aurais pas deviné.

— Moi, expliqua le vieux en versant une autre rasade, je mets tout ce qui peut fermenter. Il y en a qui critiquent, mais en fin de compte, quand ils la boivent, ils la trouvent tous à leur goût.

Lafond sortit de sa poche une blague en vessie de porc, et demanda si le Toine voulait une cigarette de vrai « Caporal ».

— Bien sûr. Ça me rappellera le bon temps.

Ils roulèrent leurs cigarettes. Lafond donna du feu avec un briquet en cuivre rouge qu'il posa ensuite sur la table. Le Toine tira quelques bouffées avant de dire :

— Le gros cul, c'est toujours le gros cul, y a pas à dire.

Ils parlèrent un bon moment de tabac, de marc, de fermentations et de distillations. Lafond expliqua qu'il avait vu fabriquer des boissons alcoolisées dans tous les pays où il était passé. La mère Bertrand continuait de laver sa vaisselle sur le grand évier de pierre. Le garçon, les coudes sur la table et la tête appuyée dans ses mains, écoutait parler les deux hommes. Quand ils s'arrêtèrent, le garçon se leva, s'étira et demanda si c'était toujours convenu pour le lendemain.

— Bien sûr, dit le Toine. Faudrait même que tu ne tardes pas trop à te coucher si tu veux partir de bonne heure.

— Alors, qu'est-ce que je lui dis, exactement?

— Tu lui dis de venir demain sans faute. Parce que jeudi faut que je descende et après, ça portera trop tard.

Dès que le garçon fut sorti, les deux hommes se levèrent et le Toine invita Lafond à le suivre. Comme ils arrivaient près de la porte, Lafond s'arrêta.

— Vous ne me fouillez pas? demanda-t-il.

Le vieux haussa les épaules.

— Pas toi. Je m'en voudrais.

Il se retourna et, voyant que l'homme avait

laissé son briquet et son tabac sur la table, il ajouta :

— Prends donc ça. C'est pas la peine d'y laisser là.

— Non, ça va. Moi, la nuit, je dors.

Comme le vieux insistait, sa femme, sans quitter son évier, lança :

— Puisqu'il te dit qu'il n'en a pas besoin, laisse-le donc tranquille.

Les deux hommes se regardèrent avec un sourire entendu, puis ils se dirigèrent vers la petite porte qui donne directement dans la grange. En descendant les deux marches, le Toine poussa un grognement.

— Saloperie, marmonna-t-il, dès que l'automne arrive, c'est plus tenable.

Lafond s'arrêta.

— Ça vous fait mal à ce point?

Le vieux se retourna en grimaçant.

— Il y a des moments, je ne peux plus descendre les escaliers ni les monter.

— Attendez voir une minute, dit Lafond en se dirigeant vers son sac.

Il se baissa, déboucla une courroie et revint avec une petite boîte en fer-blanc qu'il tendit au vieux en disant :

— Tenez, vous vous frotterez avec ça avant de vous coucher, et demain on en reparlera.

— Bah! fit le vieux en prenant la boîte, j'en ai déjà tellement essayé de ces trucs, ça fait pas plus qu'un cataplasme sur une jambe de bois.

— Peut-être, mais essayez toujours ça, c'est la pommade légionnaire Lafond.

Les deux hommes se regardèrent encore en riant, puis ils sortirent.

Restée seule, la mère Bertrand lorgna la porte, émit un grognement bizarre et bougonna :

— Encore une saloperie pour arranger les draps.

Puis, portant ses assiettes dans le placard, en passant, elle poussa du pied le sac du légionnaire.

Le lendemain matin, Lafond était réveillé bien avant l'aube. Il se leva, resta quelques instants debout dans l'obscurité pour s'orienter et marcha lentement, les mains en avant, jusqu'à rencontrer une cloison. Il tâtonna un moment. Il ne s'était pas trompé, bientôt sa main trouva le loquet qu'il souleva doucement. La petite porte découpée dans le lourd vantail de la grange s'ouvrit sans grincer et Lafond sortit. Tout le village dormait encore. A l'est, le ciel pâlissait à peine, grignotant le faîte de la colline plantée d'arbres clairsemés. Il faisait presque froid mais le vent s'était arrêté. Lafond remonta la rue, urina contre le fumier et regagna la grange. Refermant la porte, il revint vers le tas de paille où il retrouva le creux tiède que son corps y avait laissé. Allongé dans l'obscurité, les yeux grands ouverts, il attendit.

Il essaya tout d'abord de penser à ce qu'il allait faire. Cette idée de la route qui n'allait pas plus loin le tracassait. Il aurait aimé pouvoir réfléchir longuement à cela, et, avant de se lever, prendre une décision. Mais il n'y parvenait pas. Il y avait toujours d'autres pensées qui lui venaient. Son sac dans la cuisine. Sa boîte de pommade qu'il ne faudrait pas oublier de réclamer au vieux. Les champignons à éplucher et à préparer. « Estce que la femme accepterait d'en manger? Est-ce qu'elle prêterait une casserole? » Tout cela venait mieux à l'esprit du légionnaire que la question de la décision qu'il prendrait.

Lafond n'attendit pas longtemps. Bientôt, il perçut du bruit, puis des voix dans la cuisine. Il se leva, enfila ses chaussures et marcha vers le rai de lumière qui venait de s'éclairer soûs la petite porte intérieure.

Dès qu'il fut entré, le père Bertrand se précipita vers lui.

— Légionnaire Lafond, dit-il en riant, tu es un sorcier. Un vrai sorcier. Il y a tout juste cinq minutes que j'ai posé le pied par terre et je suis déjà d'attaque pour trotter. Ça fait bien dix ans que ça ne m'était pas arrivé. Et le plus extraordinaire, c'est qu'il va pourtant pleuvoir avant midi. Aussi, en me levant, la première chose que j'ai pensé, c'est : pourvu qu'il ne soit pas mort!

Lafond souriait. Le vieux lui serra la main et lui tapa sur l'épaule tout en lançant un clin d'œil en direction de sa femme qui bourrait de sarments le foyer grand ouvert de la cuisinière.

— Vous voyez, expliqua Lafond, des fois, ça sert de courir le monde, c'est un Cambodgien qui m'a donné la recette de cette pommade. Et, avec la vie que j'ai menée, à coucher par terre neuf jours sur dix, il y a longtemps que je serais raide comme un piquet si je ne me frictionnais pas de temps en temps.

La vieille semblait se désintéresser totalement de leur conversation. Elle continuait à préparer la soupe.

Dès que le garçon descendit, ils se mirent à table. Le garçon avala très vite sa soupe et disparut tandis que le grand-père lui répétait :

— Dis-lui bien : demain sans faute, autrement, ça mènerait trop tard.

La vieille sortit sur le pas de la porte et cria, en regardant le garçon enfourcher sa bicyclette :

— Fais attention! Et remonte vite à cause de la pluie.

Tout en continuant de manger, le vieux expliqua que le garçon était descendu chercher le charcutier qui devait monter tuer leur cochon.

Lorsqu'ils eurent fini, Lafond prit une serviette dans son sac et partit faire sa toilette au lavoir.

Quand il revint, le vieux était seul à la cuisine. Lafond boucla son sac et demanda :

— Il vient à quelle heure, le camion du lait?

Le vieux regarda le réveil, sur le rebord de la cheminée.

— Il ne va guère tarder, dit-il, c'est à peu près son heure.

Il regarda l'homme et son sac, alla jusque sur le pas de la porte puis reprit :

— Tu veux partir avec lui?

— Ma foi, avec la pluie qui menace.

Le vieux hésita encore. Il semblait chercher quelque chose et, plusieurs fois, il retourna jusqu'au seuil. Enfin, revenant vers la table, il dit avec un rire qui sonnait drôlement :

— Et les champignons? Qui c'est qui va les faire cuire, si tu t'en vas ce matin?

— Maintenant qu'elle a la preuve qu'ils sont bons, votre femme les fera sûrement. A la voir, je ne crois pas qu'elle soit de celles qui jettent facilement.

Ils se mirent à rire tous les deux, mais leur rire n'alla pas loin.

— C'est bon, dit le vieux. Puisque tu veux partir ce matin, je vais monter avec toi jusqu'à la fruitière.

Lafond passa une des bretelles de son sac sur son épaule et il sortit le premier. Une fois dans la rue, ils se mirent à marcher côte à côte, sans échanger un mot. Devant le tas de fumier, Lafond regarda à gauche, un peu plus loin, il regarda à droite du côté du lavoir. Le père Bertrand marchait sans lever les yeux, balançant ses grosses mains au bout de ses bras trop courts.

Ils n'avaient plus que quelques pas à faire pour atteindre la fruitière, lorsqu'une fenêtre s'ouvrit sur leur droite. Ils tournèrent la tête et le vieux lança :

— Bonjour, la Léonie.

— Bonjour, le Toine. Je guettais justement si je voyais passer quelqu'un pour vous faire prévenir.

Le vieux marcha jusqu'à la fenêtre dont le bas était juste à hauteur de son menton. Lafond s'était arrêté au milieu de la rue. Il salua la Léonie qui se borna, pour toute réponse, à le regarder de la tête aux pieds d'un air méfiant avant de se pencher vers le vieux en reprenant :

— Oui, je voulais vous faire prévenir pour savoir si le petiot était libre.

Le Toine expliqua que son petit-fils était à la ville et promit de l'envoyer à la Léonie dès qu'il serait de retour. Mais la femme se lamentait en disant que ça devenait impossible, que ce gamin était toujours absent quand on avait besoin de lui et que c'était toujours elle qui avait les ennuis.

Lafond la regardait gesticuler. Vue ainsi, elle avait l'air d'une marionnette prête à bondir hors de son castelet pour descendre rosser le Toine qui l'écoutait sans mot dire, la tête un peu rentrée dans les épaules, comme assommé par ce flot de paroles. Cette femme semblait avoir une cinquantaine d'années, peut-être moins, mais un chignon gris jaunâtre et pointu, qu'elle portait bien droit sur le sommet du crâne, lui donnait un peu l'aspect d'une sorcière de conte de fées. De plus, elle n'avait, sur le devant, qu'une seule dent qui paraissait énorme dans sa bouche noire aux lèvres trop minces.

Regardant la maison, Lafond vit que la porte était grillagée. Sur le mur subsistaient quelques traces bleuâtres d'une inscription délavée : « Postes, Télégraphe, Téléphone ». Entre la porte et la fenêtre s'ouvrait la fente de la boîte aux lettres.

Ayant assez crié, la femme s'arrêta, s'accouda et dit en conclusion :

— Et voilà. Vous, tout ça, ça vous fait ni chaud ni froid.

Le Toine eut un geste vague des bras et, comme s'il eût redouté un nouvel orage, il recula d'un pas en disant :

— Si c'était pas si loin, je le porterais, votre télégramme, mais, que voulez-vous, je ne suis plus d'âge à faire des trottes pareilles. Et puis, j'ai tout à préparer pour le charcutier, vous savez bien que c'est pas une petite affaire, le cochon. A propos, vous n'oublierez pas de venir manger la grillade et le boudin demain soir.

Il avait dit cette dernière phrase plus vite et d'une voix mieux assurée. La postière se récria.

— Mais si, insista le Toine. Puisque c'est comme ça tous les ans, il n'y a pas de raison pour que ça change cette année.

La femme regarda Lafond.

— Bien sûr, dit-elle, mais cette année, je vois que vous avez du monde.

Le Toine se retourna et se mit à rire.

— Lui! Que non, c'est pas du monde. D'ailleurs, il s'en va, dit-il, et son rire s'éteignit avec la dernière phrase.

Lafond s'était approché. Il salua de nouveau la postière qui, cette fois, pinçant un peu les lèvres, comme pour cacher son chicot, laissa tomber du haut de sa fenêtre un « Bonjour, mon-

74

sieur » qui donna envie de rire à l'ancien légionnaire. Il se retint pourtant et demanda, s'adressant autant au père Bertrand qu'à la postière :

— Si je comprends bien, c'est à cause d'un télégramme que vous vous tracassez? Si vous voulez,
je peux vous le porter, suffit de m'expliquer le
chemin.

Les deux autres se regardèrent.

— Bien sûr, dit le Toine, mais le camion ne
va pas tarder, et il ne t'attendra pas.

— Parce que vous deviez prendre le camion du
lait? demanda la postière.

— Oui, mais vous savez, moi, rien ne me
presse, et si c'est pour tirer d'embarras les uns
ou les autres.

La postière sourit sans songer cette fois à cacher sa dent.

— Bah! dit-elle, vous êtes bien brave, mais ils
attendront le retour du garçon. Ce serait urgent,
je dis pas, mais c'est pour une histoire de commis
qu'ils avaient dû demander à l'Office agricole,
alors, ça n'est pas si pressé que ça.

Les deux hommes échangèrent un regard amusé. La femme continuait, prenant le Toine à témoin.

— D'ailleurs, tout le monde vous le dira, s'ils
savaient garder leurs ouvriers, ils ne seraient pas
toujours à en chercher de nouveaux. Et puis
d'abord, des gens comme ça, riches comme Crésus, est-ce qu'ils ne devraient pas avoir le téléphone? On ne peut même pas monter chez eux
avec une bicyclette tellement le chemin est mauvais. Mais ils s'en moquent, pourvu que leur tracteur et les chevaux puissent passer.

Le Toine approuva. Pourtant, après un temps
de silence, il demanda :

— Il est là depuis quand, ce télégramme?

— Hier soir, juste au moment de la fermeture.

— Et vous ne pensez pas que ça pourrait vous faire des ennuis, si on attend trop?

La postière haussa le ton de nouveau.

— Des ennuis, ferait beau voir. S'ils veulent avoir un porteur sous la main jour et nuit, ils n'ont qu'à le payer. C'est pas avec les huit cents francs qu'ils donnent par mois à votre garçon qu'on peut lui demander de ne faire que ça!

Une fois de plus, les hommes se regardèrent, mais le Toine insista encore.

— Puisque Lafond veut bien le porter, vaut mieux éviter les histoires. Je vais lui montrer le raccourci et puis, comme ça, ça lui fera l'occasion de manger les champignons avec nous.

Les deux hommes se mirent à rire tandis que la postière rentrait chercher son télégramme.

En passant, Lafond posa son sac chez le Toine qui descendit avec lui jusqu'au premier tournant. Là, comme il lui montrait l'entrée du sentier qui s'enfonce dans le bois, le camion chargé de bidons passa derrière eux dans un raffut de moteur et de tôles entrechoquées. Lorsqu'il eut disparu, les deux hommes se regardèrent et, de nouveau, sans véritable raison, ils se mirent à rire.

— C'est bon, dit Lafond, je le prendrai une autre fois.

Et il partit sur le sentier, de son pas égal de vieux coureur de routes.

La ferme des Magnin était à plus de trois kilomètres du village, mais le sentier était agréable. Serpentant d'abord sous bois, il longeait ensuite les cultures et les embouches. Dès qu'il fut sorti du couvert, Lafond s'arrêta et regarda la vallée. Du village, seuls quelques toits étaient visibles,

76

groupés autour du clocher carré et trapu. Toute
en virages, la route apparaissait çà et là entre
les arbres et les vignes rousses pour se perdre
très loin, dans la grisaille de la plaine. Le ciel
s'était encore chargé et Lafond pressa le pas pour
atteindre la ferme avant l'averse.

Un toit apparut bientôt par-dessus la haie. Il
était temps, les premières gouttes commençaient
à tomber.

Dès que Lafond entra dans la cour, un énorme
chien blanc et jaune se mit à aboyer en tirant
sur sa chaîne.

Aussitôt, une petite fille sortit sur le pas de la
porte, puis une femme qui cria :

— Qu'est-ce que vous voulez?

Lafond montra le télégramme en demandant
s'il était bien à la ferme des Magnin, et la femme
calma le chien. Comme la pluie tombait de plus en
plus serrée, ayant pris le papier, la femme invita
Lafond à entrer.

— Si vous voulez attendre que ça passe avant
de partir, vous pouvez entrer vous asseoir, dit-
elle.

Lafond entra et s'assit sur le banc, le dos appuyé contre la table. Restée près de la porte, la
femme décacheta le télégramme, en prit connaissance puis le tendit à la fillette.

— Prends le parapluie, dit-elle, et va le porter
à ton père. Il a dû se mettre à l'abri dans la ba-
raque de la vigne de Rougein. Tu lui diras que
l'homme de la poste reste là en attendant que la
pluie s'arrête. S'il veut faire une lettre, qu'il se
dépêche, on la fera porter par l'homme de la
poste, ça évitera de descendre.

La gamine partit en sabotant et la femme,
s'adressant à Lafond, demanda :

— Je pense que ça ne vous fera rien de porter

une lettre en descendant? Ici, on a tellement à faire.

Lafond dit qu'il avait bien le temps et que, même si la pluie s'arrêtait, il attendrait volontiers le retour du fermier pour emporter la lettre.

La femme remercia puis, après avoir hésité, elle demanda :

— Vous boirez peut-être un verre?

— Pourquoi pas? fit Lafond en tirant de sa poche sa blague et son briquet.

Il roula tranquillement une cigarette très mince, l'alluma et, comme la femme revenait avec un litre de vin, il passa une jambe par-dessus le banc pour s'accouder à la table. La femme lui versa un demi-verre de vin et alla se planter sur le seuil, d'où elle se mit à regarder alternativement Lafond et le rideau gris que la pluie serrée tissait devant la porte.

Après avoir vidé son verre, Lafond demanda :

— A ce qu'il m'a semblé, c'étaient pas des bonnes nouvelles, ce télégramme.

La femme le regarda, fit la grimace, puis, comme elle se tournait de nouveau vers l'extérieur, Lafond ajouta :

— Ce que j'en dis, c'est surtout parce que c'est jamais agréable de porter de mauvaises nouvelles.

Cette fois, la femme se tourna carrément vers lui pour lancer, presque agressive :

— Comme si les gens de la poste s'occupaient des nouvelles qu'ils distribuent!

— C'est vrai. Mais moi, comme c'est la première fois que ça m'arrive, et probablement la dernière, j'aurais autant aimé que ce soit une bonne nouvelle.

— Parce que vous n'êtes pas de la poste?

Lafond expliqua comment il s'était trouvé amené à faire cette course.

Tandis qu'il parlait, la femme sembla se détendre un peu. Pourtant, elle ne quitta pas sa place et, dès qu'il eut achevé son histoire, elle se remit à regarder au-dehors.

Lafond jeta lui aussi de temps en temps un coup d'œil à la pluie, à la femme, et également au litre de vin posé devant lui. Il allait se décider à demander si c'était du vin récolté à la ferme lorsque la femme rentra en annonçant :

— Les voilà!

Il y eut un bruit de sabots heurtés contre le mur, puis un homme entra, suivi de la fillette. Lafond salua. L'homme porta un doigt à la visière de sa casquette.

— Alors? demanda la femme.

L'homme alla s'asseoir tout au bout de la table en maugréant :

— Eh bien! quoi? Faudra tout de même bien qu'on arrive à en trouver un. Allons, donne-moi le papier et l'encre.

La femme plongea dans son placard tandis que le fermier continuait, s'adressant à Lafond.

— C'est malheureux, plus un qui veut venir ici. Ça les intéresse pas. C'est trop dur. Et trop loin. Faut le cinéma et le bal à la porte. Ou alors, ils veulent tous aller dans les usines ou dans les bureaux faire les culs de plomb.

La femme posa une feuille de papier, un encrier et un porte-plume devant le fermier et, en se penchant, elle lui murmura quelques mots à l'oreille. Quand elle se redressa l'homme regarda Lafond pendant un temps sans rien dire. Lafond aussi, le regardait.

C'était un homme d'une quarantaine d'années, moyen de taille et plutôt sec. Son visage était mince et très brun avec des yeux noirs sous des sourcils épais qui accusaient encore le creux sombre de ses orbites.

L'homme baissa les paupières pour les relever aussitôt en disant :

— Paraît que vous chercheriez de l'embauche?

L'ex-légionnaire fronça les sourcils et eut un mouvement d'étonnement.

— Moi? demanda-t-il.

— Ma foi, d'après ce que vous auriez dit à ma femme.

Lafond posa un coude sur la table, prit son menton dans sa main et se frotta longuement la joue du bout des doigts avant de répondre :

— Ma foi, sûr qu'il faudra bien que j'y pense un jour ou l'autre.

— Faudrait savoir si vous cherchez à la terre ou à la ville.

— A dire vrai, j'ai pas seulement réfléchi.

L'homme parut extrêmement surpris.

— Enfin, dit-il, vous avez bien un métier, tout de même?

— Hé! non, dit Lafond, un peu comme s'il se fût excusé.

— Vous n'êtes pourtant pas venu à cet âge sans rien faire.

Lafond eut un sourire et un clin d'œil pour expliquer :

— Ça, sûr que je suis pas resté les deux pieds dans le même sabot. J'étais légionnaire.

Le fermier se tourna vers sa femme.

— Oui, dit-elle, c'est ce qu'il m'a expliqué, il m'a dit : légionnaire.

Magnin regarda de nouveau Lafond en demandant :

— Légionnaire comment? Légionnaire de la Légion? Soldat?

— Hé! bien sûr, que voulez-vous que ce soit?

80

Pendant un long moment, il n'y eut que le bruit régulier de la pluie pour meubler le silence.

Tout en regardant le paysan, Lafond jouait avec son verre vide qu'il poussait sur la table en lui faisant décrire des cercles de plus en plus larges. Quand le verre arrivait à frôler le litre, Lafond diminuait le diamètre des cercles pour recommencer ensuite.

— Tiens, Tavie, dit soudain le fermier, verse donc à boire, et tu me donneras un verre aussi.

Cette fois, la femme emplit les verres presque à ras bord. Les deux hommes trinquèrent, vidèrent les verres, puis, s'étant essuyé les lèvres d'un revers de main, le fermier demanda :

— Ça vous dirait de travailler avec nous?

— Pour quoi faire?

— Maintenant, il reste à rentrer le maïs et les betteraves. Ça, c'est rien. Ensuite on attaque le bois. Evidemment, c'est autre chose, surtout pour un qui ne connaît pas, mais enfin, on va vers les journées courtes.

Lafond eut un sourire et un hochement de tête avant de dire :

— Légionnaire, c'est pas militaire comme ailleurs. On sait ce que c'est que l'ouvrage. Et sûrement qu'à la pioche ou à la hache, n'importe lequel d'entre nous en vaut bien un autre.

— C'est bon, je ne discute pas. Si ça marche, on donne quinze mille francs par mois, le manger et une bonne chambre.

Lafond réfléchit un instant. Il pensa à la route, surtout à la route.

— Alors? demanda le fermier.

— Eh bien! voilà, si ça peut vous arranger, je veux bien rester quelques jours, mais sans engagement. Comme ça, à la journée, en attendant que vous trouviez quelqu'un.

— Mais enfin faut tout de même que je sache!

— Moi, c'est comme vous voulez. Je vous dis ça, hein! Vous faites la lettre, je la descends. Demain matin je remonte et le jour où il en vient un, vous me dites : « Légionnaire Lafond, voilà ton prêt, à la prochaine! »

Le fermier regarda sa femme qui eut un geste vague des deux mains. Il se retourna vers Lafond pour conclure :

— C'est bon, puisque vous aimez mieux comme ça.

Et il se mit à écrire la lettre.

L'averse ne dura pas et il était à peine 10 heures quand Lafond revint au village. En arrivant devant la maison des Bertrand, il remarqua que le vantail de la grange était grand ouvert. Il entra. Le Toine était là. Dès qu'il le vit approcher, il se mit à rire.

— Tiens, dit-il, tu tombes à pic. Tu vas me tourner la pierre, le garçon n'est pas encore remonté.

Il brandissait un grand couteau de boucher. Lafond s'approcha de la meule, posa la main sur la manivelle et commença de tourner. Le Toine appliqua aussitôt la lame sur l'énorme pierre jaune où l'eau courait, montant de l'augette en long filet qui cascadait par-dessus le barrage du couteau.

— Alors, demanda-t-il sans lever les yeux, tu ne t'es pas perdu?

— Que non, mais il s'en est quand même fallu de peu que je reste là-haut.

Le Toine souleva le couteau, la meule fit quelques tours plus rapides puis Lafond lâcha la manivelle.

— Hé! oui, dit-il, ils voulaient me garder.

Le vieux était resté en arrêt, le couteau dans la main. Une goutte d'eau coula le long du manche puis passa sur sa main où elle s'arrêta dans les poils épais.

Lafond expliqua en détail son entrevue avec les Magnin. De temps à autre, le Toine hochait la tête. Quand ce fut terminé, il eut un sourire pour dire :

— Eh ben! au fond, ça me fait plaisir parce que, comme ça, tu vas rester par ici quelque temps. Seulement, tu sais (et là, il fit une grimace) les Magnin, tout le monde te dira qu'ils n'attachent pas leur chien avec des saucisses.

— Bah! conclut Lafond, moi, je suis marié avec personne. Le jour où ça ne va plus, j'ai juste mon sac à boucler. Ma pension, je peux la toucher n'importe où. Et comme il m'en faut pas beaucoup pour vivre, elle me suffira toujours. Ce que je pourrai gagner à côté, ça sera pour faire le garçon.

Les deux hommes se mirent à rire et, avant de poser son couteau sur la meule, le Toine donna une bonne tape sur l'épaule de Lafond qui, déjà, s'était remis à tourner la manivelle.

Dès que la table et tous les ustensiles furent prêts pour le travail du charcutier, le Toine et Lafond fermèrent le grand portail de la grange et passèrent à la cuisine. Comme la mère Bertrand lançait un regard inquiet en direction de Lafond, le Toine s'empressa d'expliquer qu'il avait trouvé de l'embauche chez les Magnin. La vieille parut rassurée et consentit d'assez bonne grâce à prêter une casserole et à céder une place sur sa cuisinière.

— Après tout, dit-elle avec un semblant de sourire, on peut toujours essayer d'en manger, puisqu'il n'est pas mort. Et puis, au fond, si on cassait sa pipe, la vie qu'on a ne vaudrait pas le coup qu'on la regrette.

Lafond se mit à l'ouvrage. Le Toine ne le quittait pas, se faisant expliquer le pourquoi de chaque opération. De temps à autre la vieille secouait la tête en bougonnant.

— On dirait quasiment qu'il a jamais vu des champignons. Quand je fais la cuisine, ça ne t'arriverait pas de venir comme ça, t'aurais bien trop peur que je te donne quelque chose à faire.

Les deux hommes souriaient, échangeant des regards entendus.

Quand le garçon rentra, il était plus de midi, et ils se mirent à table. Aussitôt après la soupe, on mangea les oronges. La vieille et son petit-fils goûtèrent d'abord du bout des dents. Les deux autres les observaient.

— Alors, fit le Toine au bout d'un moment, c'est bon ou c'est pas bon?

— Faut reconnaître, admit la mère Bertrand, faut reconnaître... Seulement, question de savoir le résultat.

Les deux hommes se mirent à rire et bientôt le garçon aussi qui reprit deux bonnes cuillerées de champignons.

— Ah! lança Lafond, voilà qui me fait plaisir. Si ça n'est pas de la confiance, au moins il se dit, puisque c'est bon profitons-en, qu'on en mange peu ou prou si on doit passer l'arme à gauche, ça changera rien.

Tous se servirent une deuxième fois et la mère Bertrand finit par demander à Lafond la recette détaillée de ce plat.

Quand il eut achevé ses explications, Lafond ajouta :

— Et vous savez, la cuisine qu'on sait faire, nous autres, c'est de la vraie tambouille internationale. Tenez, par exemple, puisque vous tuez le cochon, mettez des côtelettes de côté, et dimanche, je descendrai vous les préparer à la russe.

La vieille fronça les sourcils.

— C'est qu'il ne faudrait pas me gâcher des côtelettes!

— Est-ce que je vous ai gâché les oronges?

Le Toine intervint :

— C'est entendu, on te fait confiance. Mais d'ailleurs, dimanche, c'est après-demain. Donc tu n'as qu'à redescendre demain soir et comme ça tu seras là pour faire le repas de cochon avec nous.

Lafond accepta, et le Toine conclut en riant et en lui tapant sur l'épaule :

— Sacré Lafond, va! Il commence sa semaine un samedi, c'est bien la première fois qu'on voit un ouvrier pareil dans le pays!

Le lendemain, à la tombée de la nuit, Lafond était de retour. La soirée avec le repas de cochon et la journée du dimanche furent très gaies. Le Toine sortit quelques bonnes bouteilles pour arroser les côtelettes préparées par Lafond et que tout le monde trouva parfaites. La postière, qui avait été invitée, affirma même qu'elle n'avait jamais rien mangé d'aussi bon. La mère Bertrand eut un hochement de tête pour déclarer :

— C'est bon, d'accord, faut pas dire. Mais enfin, de là à prétendre qu'il n'y a rien de meilleur, tout de même!

La Léonie comprit bien qu'elle avait eu une parole malheureuse, mais peut-être parce qu'elle avait un peu bu, elle s'embrouilla en voulant dire une phrase qui rendît justice aux cordons-bleus de la journée. Ce fut le Toine qui conclut avec un gros rire qui gagna toute la tablée.

— Léonie, cherchez pas des excuses, on a tous compris; vous êtes amoureuse du légionnaire Lafond. Y a pas à rougir.

Et pourtant, c'était bien ce que faisait la Léonie, gagnée elle aussi par un fou rire qui découvrait ses gencives et son unique incisive.

Avant la tombée de la nuit, Lafond salua tout le monde et reprit le chemin de la ferme des Magnin.

Plusieurs semaines s'écoulèrent avant les premiers froids. On rentra les betteraves et ce qui restait de maïs, puis les deux hommes se mirent au bois.

Tout le jour les cognées taillaient la chair blanche des acacias et des charmilles, éveillant les échos de la vallée où venaient parfois courir de grands vols roux de feuilles apportées par le vent.

Magnin paraissait satisfait de Lafond, mais il ne parlait guère. Quand les deux hommes travaillaient dans un bois trop éloigné de la ferme, ils emportaient leur repas et mangeaient près d'un feu de branchages. Là, c'était surtout Lafond qui parlait. Le fermier l'écoutait raconter ses campagnes et ses voyages, se bornant à approuver de temps à autre en ajoutant parfois un vague commentaire.

— Oui, disait-il, sûr que ce n'était pas une vie

comme les autres. On ne doit pas s'embêter à faire ce métier-là.

A plusieurs reprises, Lafond parla aussi de la route, s'étonnant toujours qu'elle n'allât pas plus loin que le village. Mais le fermier ne semblait pas comprendre cet étonnement.

En vérité, Lafond ne s'ennuyait pas non plus à couper du bois. Il ne s'était jamais ennuyé. Dès qu'il n'avait rien à faire ou que son travail lui laissait la possibilité de penser, il se produisait en lui une sorte de déclic qui mettait en marche la machine à projeter les souvenirs. De longs moments de sa vie repassaient ainsi, et c'était bien suffisant pour qu'il ne trouvât jamais les journées vides.

Les premières chutes de neige n'arrêtèrent pas la besogne, mais, après quelques jours, le froid fut tel qu'on dut cesser d'abattre. Les deux hommes occupèrent à divers bricolages la première journée qu'ils passèrent sans aller au bois, mais à plusieurs reprises, Magnin fit remarquer que ce n'était pas là du travail sérieux. Lafond comprit ce qu'il voulait dire, et, comme la nuit approchait, il alla dans sa chambre, boucla son sac et déclara simplement :

— Je descends au pays, c'est justement le moment de me faire payer ma pension. Je remonterai quand le temps changera.

Et il partit après avoir empoché ce que lui devaient les fermiers.

Le lendemain matin, après une bonne nuit passée dans la paille des Bertrand, le premier soin de Lafond fut d'aller au bureau de poste percevoir sa pension. A vrai dire, il était parti de la ferme sans idée bien précise. Il avait pensé un moment à demander le gîte et le couvert au Toine, en le payant bien entendu, mais il avait aussi, depuis quelque temps, des fourmis dans les jambes. Aussi, ce matin-là, en quittant la grange, resta-t-il un long moment planté sur le seuil à regarder la route qui descendait pour se perdre très vite au premier tournant. La neige était tassée et durcie par le gel, mais sur les bas-côtés, on pouvait marcher sans trop enfoncer et sans glisser. Il faisait un bon froid sec. Tout était immobile, figé, avec seulement çà et là le vol d'un corbeau entre deux cimes ou le pépiement d'un chardonneret dans une haie.

Un beau temps pour faire une longue marche, en quelque sorte.

Pourtant, comme chaque fois qu'il avait regardé cette route, Lafond sentit bientôt en lui quelque chose qui le contraignit à se retourner pour examiner la montagne qui barrait le fond du val.

Il eut son tic de la paupière, son haussement d'épaules et, pensant que, de toute façon, il devait commencer par toucher sa pension, il se dirigea vers le bureau de poste.

Dès qu'elle l'eut reconnu, la Léonie se précipita vers son guichet.

— Faut bien que vous ayez vraiment envie de toucher votre argent, pour être descendu par ce temps, dit-elle.

Lafond se mit à rire.

— C'est pas tellement ça, mais j'avais surtout envie de vous revoir.

— De me revoir?

La Léonie parut surprise, et il sembla même à Lafond qu'elle avait légèrement rougi.

— Enfin, dit-il, vous et les autres, quoi! Le Toine, sa vieille, le garçon. Ils sont bien braves les Magnin, mais ils ne sont pas tellement drôles.

Et puis, chez eux, faudrait presque réclamer un canon quand on a soif. Moi j'aime pas ça. Quand on travaille, faut pas être obligé de pleurer le pinard!

La Léonie approuva et, après avoir compté l'argent, elle ouvrit la porte qui permettait de passer de l'autre côté de la cloison grillagée.

— Entrez donc vous chauffer cinq minutes, dit-elle, vous boirez bien une goutte.

— C'est pas de refus, surtout avec le temps qu'il fait.

Lafond s'assit entre la table et le petit poêle carré, ouvert sur le devant où flambaient deux bonnes bûches. C'était la première fois qu'il franchissait la « barricade » et, pendant que la postière cherchait son eau-de-vie, il examina la pièce. Elle devait servir à la fois de salle à manger et de bureau. La table était recouverte d'une vieille toile cirée où des fleurs rouges et jaunes se devinaient encore par endroits. D'un côté il y avait un gros buffet et, en face, c'était le guichet avec une chaise plus haute que les autres. Sur la planche tachée d'encre, les balances, les tampons et tout un arsenal de bouts de crayons et de porte-plume. Dessous le guichet, plusieurs tiroirs et des rayonnages chargés d'imprimés. Devant la fenêtre, sur un tabouret, une patience énorme dans un pot vernissé et multicolore.

Le ronflement du poêle et le tic-tac d'une vieille pendulette étaient les seuls bruits. Mais Lafond se trouvait mieux là que dans la ferme des Magnin où tout était grand et vide. La chaleur qui montait du petit fourneau carré lui donnait envie de s'assoupir sur sa chaise.

La Léonie revint bientôt, posa un litre sur la table, sortit deux verres du buffet puis, avant de servir, elle disparut une deuxième fois en disant :

— Attendez une minute, je m'en vais vous montrer quelque chose.

Elle avait dit cela avec un sourire bizarre, et Lafond l'écouta monter l'escalier sur la pointe des pieds. Elle redescendit bientôt, serrant dans ses bras un paquet comme une couverture roulée. Elle s'approcha, se baissa, et Lafond vit émerger un museau noir qui s'ouvrit aussitôt dans un long bâillement pour laisser paraître une langue rose et pointue.

— Eh bien! constata Lafond, en voilà des façons de dire bonjour.

La Léonie riait.

— Donnez un peu, dit Lafond.

Avec mille précautions, la postière posa le petit chien noir et blanc sur les genoux de Lafond qui le prit aussitôt entre ses deux grosses mains et l'éleva à bout de bras pour mieux le voir.

— Mon Dieu! piaillait la Léonie en joignant les mains. Vous lui faites mal.

Lafond reposa l'animal sur ses genoux et se mit à le caresser.

— Pensez-vous, dit-il. Les chiens, c'est comme du caoutchouc. La preuve que je ne lui ai pas fait mal, il me lèche déjà la gueule.

Le petit chien avait en effet posé ses pattes de devant contre la poitrine de l'ancien légionnaire, et, consciencieusement, presque méthodiquement, il lui léchait le visage.

La Léonie était en extase.

— Mon Dieu! comme il vous aime! disait-elle. Jamais il ne m'a autant embrassée.

Lafond paraissait heureux.

— C'est à cause de la barbe, dit-il. Ils aiment bien, ça leur râpe la langue. Et puis, vous vous mettez peut-être des trucs sur la figure, de la poudre de riz ou autre foutaise, alors les bêtes, elles sont comme moi, elles n'aiment pas ça.

— Pensez-vous, dit la postière. Je ne me maquille jamais. C'est bon pour les jeunesses.

— Alors, c'est que vous devez vous laver à la savonnette, ça peut suffire pour le dégoûter.

La Léonie n'insista pas. D'ailleurs le chien, ayant terminé la toilette de Lafond, commençait à lui mordre la main.

— Ah! tu veux t'amuser? Eh bien! on va rigoler.

Ce disant, il le posa à terre et se mit à le rouler sur le plancher, l'agaçant de la voix et du geste, l'envoyant d'une chiquenaude s'affaler contre un mur ou un pied de table. Le chien jappait, pleurait de temps en temps quand Lafond lui fermait le museau ou l'attrapait par la queue. La Léonie s'exclamait, riait ou lançait des : « Attention! il est petit » ou des : « Mon Dieu! il va me le casser » à n'en plus finir.

Quand Lafond en eut assez de ce jeu, il reprit l'animal sur ses genoux, et, l'obligeant à se coucher, il le maintint d'une main ferme. Le petit chien tenta d'abord de s'échapper puis, après avoir encore jappé deux ou trois fois, il se mit en cercle, le museau sur la queue, et ferma les yeux.

La Léonie n'en revenait pas.

— Moi, dit-elle, quand j'ai le malheur de jouer un peu avec lui, il n'en finit plus de ravager. C'est étonnant comme il vous obéit.

Sur ce, elle servit la goutte et Lafond trinqua à la santé du petit chien.

— Au fait, demanda-t-il, comment il s'appelle?

— Il n'a pas encore de nom, ça fait seulement huit jours qu'on me l'a apporté, alors je ne l'ai pas encore baptisé.

— Qu'est-ce que c'est, une chienne ou un chien?

— On m'a dit que c'était une chienne, mais moi, je ne sais pas.

Lafond souleva la cuisse de l'animal qui ouvrit à peine un œil, regarda et toucha avant de déclarer :

— Y a pas de doute : c'est une pisseuse.

— Alors, j'ai envie de l'appeler Mirza.

Lafond eut un haut-le-corps.

— Mirza? Mais vous n'y pensez pas, on n'est pas aux Champs-Elysées, ici. Non, non, faut pas affubler cet animal d'un nom ridicule. Moi, je vous conseille de l'appeler Légion, tiens, et ce sera moi le parrain.

La Léonie hésita entre le rire et le pincement de lèvres.

— Quoi, demanda Lafond, c'est pas beau, Légion?

La postière répéta deux ou trois fois « Légion, Légion », puis, avec un geste vague, comme s'il lui eût été impossible de trouver un argument, elle consentit.

— Après tout, dit-elle, ça ou autre chose, une fois qu'on est habitué...

Lafond vida son verre, fit claquer sa langue et conclut :

— Et puis au moins, comme ça, quand je serai parti et que vous appellerez votre chienne dans la rue, tout le monde pensera à moi.

Il se leva doucement et déposa Légion sur sa chaise.

— Parce que vous allez partir? demanda la Léonie.

— Ben, ma fois, vous savez, il y a des chances pour que je ne passe pas le reste de mes jours ici.

— Et où pensez-vous aller?

Lafond eut un geste en direction de la fenêtre.

— Ça alors, dit-il, malin celui qui pourrait me le dire.

La Léonie parut réfléchir un moment, puis, d'une voix un peu sourde, elle dit lentement :

— Ça fait rien, ça ne doit pas être drôle de vivre comme vous faites, sans avoir de chez-vous, sans savoir où vous irez.

Elle regarda autour d'elle, comme pour s'assurer que tout ce qui était son chez-elle demeurait bien là, puis elle ajouta :

— Moi, j'aurais pas pu.

Lafond eut un sourire pour répondre simplement :

— Les femmes, c'est pas pareil.

Puis il se retourna et caressa Légion qui grogna doucement. Ensuite, remerciant pour la goutte, il se dirigea vers la porte qui sépare la cuisine du petit couloir réservé au public. Comme il allait mettre la main sur le loquet, la Léonie demanda :

— Et maintenant, qu'est-ce que vous allez faire, si vous ne retournez pas à la ferme des Magnin?

— Ma foi, je vais passer chez le Toine, et puis après, peut-être que je descendrai faire un tour à la ville.

Ils se regardèrent un moment. La Léonie semblait gênée, comme si elle eût hésité à demander quelque chose. Ce fut Lafond qui parla :

— Pourquoi, dit-il, vous aviez peut-être besoin d'un coup de main pour quelque chose?

La Léonie hésita encore, regarda du côté de la fenêtre puis, revenant à Lafond, elle se décida :

— Voilà, c'est pas à vrai dire un coup de main. Et puis, c'est pas non plus que ce soit urgent, mais j'aurais tout de même pas mal d'ouvrage à faire.

— Ah oui! Quoi donc, par exemple?

— Tout d'abord, faudrait faire de la place dans ma cave en rangeant tout, rentrer le tas de bois qui est sous l'appentis, et puis, faudrait le scier et le fendre... Dans la cave, il fait bon, on peut travailler même par les gros froids.

Cette fois, ce fut Lafond qui parut embarrassé et qui, lui aussi, regarda du côté de la fenêtre.

— Ma foi, pourquoi pas? dit-il après quelques instants. Seulement, pour aujourd'hui, c'est trop tard pour commencer la journée. On verra ça demain matin.

Il ouvrit la porte, passa de l'autre côté du grillage et ajouta avant d'atteindre la porte extérieure :

— De toute façon, je repasserai ce soir, vous me montrerez ce qu'il y a à faire.

La Léonie sourit largement sur sa dent et se pencha derrière son guichet pour regarder sortir Lafond. Lorsqu'il eut refermé la porte, la Léonie fit un pas en direction de la fenêtre puis, comme il se retournait en traversant la rue, elle baissa vite la tête et empoigna au hasard le premier tampon venu. Quand Lafond eut disparu, la Léonie posa le tampon, et portant ses deux mains croisées sur sa poitrine plate, à l'endroit du cœur, elle respira profondément deux ou trois fois, avant de retourner à sa cuisine.

Lafond passa le reste de la matinée à bavarder avec le Toine, qu'il avait trouvé à l'écurie en train de remplacer un barreau du râtelier. Une fois le travail terminé, les deux hommes s'étaient assis près de la lucarne. Le Toine sur un tabouret à traire et Lafond sur une botte de paille. Il faisait bon. Les trois vaches et la jument mâchonnaient paisiblement leur foin, secouant de temps à autre leur chaîne.

A midi, Lafond ne se fit pas prier pour prendre place à table et, quand les deux hommes eurent fini de boire la goutte, il était trop tard pour songer à prendre la route. Comme la mère Bertrand commençait à balayer sa cuisine, ils se levèrent pour retourner à l'écurie. Alors qu'ils allaient y entrer, Lafond s'arrêta et regarda la vallée. Le Toine, qui avait déjà la main sur la porte, demanda :

— Tu viens?

Lafond ne répondit pas. Il ne semblait pas avoir entendu la question. Quelques instants s'écoulèrent avant qu'il ne demande :

— Vous ne descendez pas souvent à la ville?

— On descend pour les foires, dit le Toine. Ou bien quand on a quelque chose à y faire.

Sans le regarder, Lafond demanda :

— Et si on y descendait à présent?

— A présent, avec le temps qu'il fait et les chemins qu'il y a? Tu ne te rends pas compte. Voilà trois jours que le camion de lait met plus d'une heure pour faire le trajet tellement ça glisse...

— On n'est pas des camions, nous autres, on peut marcher sur le bas-côté.

— Non, non, dit le Toine. Et puis, qu'est-ce que tu veux aller y faire?

— Comme ça, histoire de voir.

— Mais voir quoi?

— Je ne sais pas, on verra.

Le Toine paraissait décontenancé. Il se tut un instant en regardant tour à tour Lafond, la route, et la porte de la cuisine.

— Allons, finit-il par dire, viens avec moi à l'écurie, on trouvera bien une bricole à faire.

Mais Lafond contemplait toujours la vallée et n'écoutait plus. Il y eut encore un silence, puis, posant le pied gauche sur le talus, l'ancien légionnaire dit simplement :

— Ne vous inquiétez pas de moi, si je rentre tard, je saurai bien trouver la paille. De toute façon, faut que je sois chez la postière demain à la première heure.

Le Toine le regarda s'éloigner. Il marchait de son pas régulier, posant les pieds où la neige n'était ni trop épaisse ni trop tassée. Quand il eut disparu derrière les arbres du premier tournant, le Toine respira profondément, lança encore un regard vers la vallée où le jour paraissait plus terne, et pénétra dans l'écurie.

Ce que ceux du village appelaient « la ville » était un de ces gros bourgs qui, en dehors des marchés, dorment tout le jour d'un demi-sommeil à peine troublé par quelques allées et venues. Lafond parcourut la rue principale, jeta un regard dans chaque venelle, puis revint sur ses pas jusqu'au premier café. Il engagea la conversation avec deux vieux attablés devant un litre de vin, but beaucoup, paya plusieurs litres et raconta ses campagnes au patron et à quelques consommateurs. Vers la tombée de la nuit, il y eut une grosse fournée de clients et le légionnaire vida encore de nombreux verres. Il sortit enfin, alla jusqu'au deuxième café qu'il ne quitta qu'au moment de la fermeture. Là, on lui avait servi deux œufs sur le plat, du fromage et encore beaucoup de vin. Bien que petit et maigre, Lafond pouvait absorber de grandes quantités de boisson. Et, même lorsqu'il était saoul au point de ne plus pouvoir parler, il conservait toujours le sens de l'équilibre et de l'orientation. Titubant à peine, il reprit donc la route du village au moment où le bourg éteignait ses dernières lampes.

Il revint de son pas toujours égal, s'arrêtant seulement de temps à autre pour uriner dans la neige ou allumer une cigarette. La nuit était sans lune, mais une lumière qui semblait sourdre de la terre et couler des coteaux éclairait la route et les prés. La neige craquait sous le pas du légionnaire qui marmonnait de temps à autre ou bien fredonnait une vieille marche.

Arrivé au village, il s'arrêta au milieu de la rue. Le vent froid sifflait en accrochant le pignon de la ferme. Lafond demeura un moment planté sur ses jambes écartées, à regarder en direction de la montagne qu'il devinait à peine, plus claire que le ciel et plus terne que les toits. Haussant les épaules, il grogna enfin :

— C'est quand même extraordinaire.

Puis il entra sans bruit dans la grange.

A la pique du jour, Lafond se leva. Lorsqu'il pénétra dans la cuisine, le Toine demanda :

— Alors?

— Ben, ma foi, dit Lafond, j'en ai ramassé une bonne. Bah! faut ce qu'il faut. Ça faisait longtemps que ça m'était pas arrivé.

Il but le café et la goutte, puis se rendit chez la Léonie. Il rebut le café et la goutte en jouant avec Légion, puis demanda où se trouvait la cave.

— Je vais aller avec vous, dit la Léonie.

— Vous avez peur que je me perde?

— Non, mais faut que je vous montre le travail qu'il y a à faire.

Lafond se croisa les bras et regarda la Léonie en demandant :

— Faut ranger ou bien quoi?

— Faut ranger, mais...

Il l'interrompit.

— C'est bon, il n'y a pas trente-six façons de ranger. Donnez-moi cette clef, montrez-moi le chemin et restez ici à vous chauffer les fesses. Vous viendrez quand je vous appellerai.

La Léonie ouvrit la porte qui donnait sur le jardin en bredouillant :

— C'est en dessous du perron, il n'y a que cette porte, mais tout de même, je...

Lafond la repoussa doucement et sortit tandis qu'elle se reculait en murmurant :

— C'est qu'il y a des choses qu'il ne faudrait pas...

Mais le légionnaire était déjà au pied de l'escalier, toussant très fort pour être certain de ne rien entendre.

Vers les 10 heures, la Léonie ouvrit sa porte et cria :

— Est-ce que vous n'avez ni faim ni soif?

Lafond vint sur le seuil, leva la tête et dit :

— Pour la soif, vous inquiétez pas, j'ai de quoi tirer au tonneau, mais si on peut casser une croûte, ça n'est pas de refus.

Serrant ses jupes à deux mains autour de ses cuisses maigres, penchée par-dessus la balustrade, la Léonie demanda encore :

— Est-ce que je pourrais jeter un œil, à présent?

— Non, dit Lafond, vous verrez quand ce sera fini.

Elle examina le jardin couvert de neige où le légionnaire avait sorti quelques caisses, un vieux casier à bouteilles et une dizaine de planches.

— Vous inquiétez pas, dit-il, ça sera plus propre que n'importe quel bureau de poste.

La Léonie sourit, se retira d'un pas avant de lâcher ses jupes et rentra en disant :

— Eh bien! montez donc un litre et le fromage qui est dans le garde-manger.

Lafond la rejoignit bientôt. Le feu ronflait dur, et Légion s'était couchée en boule devant le poêle. Lafond l'empoigna et la prit sur ses genoux en disant :

— Connarde, tu vas te cuire le sang. Faut pas rester là toute la journée comme une gâteuse. Tout à l'heure tu descendras un peu avec moi.

— Mais vous n'y pensez pas, glapit la postière, avec le froid qu'il fait.

— *Primo*, dit Lafond, il ne fait pas froid à la cave, et puis quoi? j'y suis bien, moi, je crève pas!

La Léonie allait répondre, mais il ne lui en laissa pas le temps. Comme elle posait une assiette sur la table, il se mit à rire.

— Vous y êtes bien, oui? On n'est pas à l'Elysée, ici, laissez-moi voir la vaisselle où elle est.

La Léonie fit la grimace, mais, comme Lafond la regardait en fronçant les sourcils, elle reprit l'assiette qu'elle porta dans le buffet en murmurant :

— Pourtant... pourtant...

— Par contre, vous pouvez toujours me donner un verre.

Elle s'excusa et apporta un verre. Puis, comme Lafond riait, elle fit mine de se fâcher en disant :

— Je n'ai pas l'habitude qu'on me bouriaude comme ça, moi. Vous me... vous me...

Elle n'arrivait plus à trouver ses mots, et ce fut lui qui poursuivit :

— Vous me faites rigoler. Moi non plus je n'ai pas l'habitude qu'on soit comme ça, aux petits soins pour moi.

Ils se regardèrent un instant en silence, puis la Léonie rougit et baissa la tête.

Lafond se coupa une large tranche de pain et un morceau de fromage.

— Vous ne prenez pas du lard, avant le fromage?

— Bah! vous savez, avant ou après, dit-il, c'est tout pour le même trou.

Il mangea une bouchée, coupa une couenne de fromage pour la chienne qui lui mordait le bas de son pantalon puis, comme la femme demeurait à le regarder, accoudée à la tablette de son guichet, il demanda :

— Et alors, vous ne mangez pas?

— Mais j'ai bu mon café au lait, fit-elle.

— La belle affaire! Pouvez pas casser une croûte, histoire de me tenir compagnie?

Elle hésita encore avant de dire :

— Et s'il venait quelqu'un?

— Ben, merde! fit-il, est-ce que les postières n'ont pas le droit de se nourrir?

Elle vint s'asseoir en face de lui, le dos au fourneau. Il lui coupa lui-même une tranche de pain sur laquelle il posa du fromage.

— Tenez.

Elle prit le pain en disant :

— Tout de même, et comme ça, sans assiette.

Ils mangèrent sans rien dire, souriant seulement lorsque leurs regards se rencontraient, riant quand la chienne faisait une pirouette.

Pendant qu'ils mangeaient, une femme vint apporter un colis. A travers le grillage tandis que la postière pesait et tamponnait, la femme observa Lafond. Avant de sortir, elle dit :

— Je vois que vous avez du monde, mademoiselle Léonie, ce sera sûrement un parent de passage.

— Non, fit sèchement la Léonie, c'est un homme pour des travaux que je fais faire.

L'autre sourit et sortit en ajoutant :

— Eh bien! bon travail, et bon appétit aussi.

La Léonie haussa les épaules et demeura un instant immobile à fixer la porte.

— Vous voyez, finit-elle par dire. Eh bien! c'est la plus commère du pays. Vieille langue de vipère, va!

Lafond s'étonna :

— Quoi! elle n'a pas dit de mal, elle nous a souhaité bon appétit.

— Hein? grogna la postière. On voit bien que vous ne la connaissez pas.

Lafond riait. La Léonie se tut, la bouche pincée, tout le visage renfrogné. L'homme continua de manger en jouant avec la chienne. Après un long moment, la Léonie finit par demander :

— Vous êtes descendu à la ville, hier?

— Oui.

— Vous n'êtes pas remonté de bonne heure.

— Comme ça!

— J'ai entendu les chiens, je ne dormais pas.

Lafond avait un peu baissé la tête. Il mâchait plus lentement. La Léonie l'observa un instant avant de reprendre :

— Est-ce que vous croyez que ça vous fait du bien, de boire tant que ça?

— Pour une fois que ça m'arrive.

— Je ne dis pas, mais tout de même !

Il avait achevé son pain et se leva lentement. Contournant la table, il alla se planter devant la fenêtre et regarda la rue vide. La Léonie fixait son dos un peu voûté.

— Sûr que ça ne vous arrange pas, une vie pareille.

Lafond toussa deux fois et dit simplement :

101

— C'est que, moi, je n'ai pas l'habitude que... que...

— Justement, trancha-t-elle. Il vous a peut-être manqué d'être un peu mieux surveillé, dans la vie.

Il se retourna et marcha jusqu'à la porte de la cour sans un regard pour la postière. Elle, au contraire, ne le quitta pas des yeux. Et, une fois la porte refermée, lorsqu'elle entendit remuer dans la cave, elle eut un long soupir avant de murmurer :

— Mon Dieu! Qu'est-ce que j'ai eu? Quelle idée de lui avoir parlé comme ça?... Quelle idée?

A la fin de la semaine suivante, Lafond avait fini le travail. Tout était en ordre, le bois scié et fendu se trouvait empilé sous l'appentis; des rayonnages débités dans de vieilles planches occupaient un côté de la cave, et tout y était aligné, classé en ordre parfait. Les vieilles poutres, des portes vermoulues avaient été fabriquées en chevilles de feu et la Léonie n'en revenait pas. Lafond avait même appointé les rames pour les haricots et les piquets des tomates.

— Dommage qu'il y ait de la neige, dit la Léonie, sans cela vous me bêcheriez le jardin.

— La neige va bien s'en aller un jour ou l'autre.

— Oui, mais vous, vous allez remonter à la ferme.

— Bah! fit le légionnaire, rien ne m'empêchera de redescendre quand vous aurez besoin de moi. Vous savez, moi, je ne suis marié avec personne.

Quand il eut dit cela, la Léonie laissa aller un gros soupir.

— Ben, c'est vrai, quoi, fit-il. Personne ne peut

m'empêcher de venir passer un jour ou deux ici. Et puis, vous savez, les Magnin, rien ne dit qu'ils me garderont encore longtemps.

— Justement, fit-elle, s'ils ne vous gardent pas, où irez-vous?

Lafond eut un geste de la main en direction de la route, resta un instant le regard fixé à la fenêtre, puis, se mettant soudain à rire, il ajouta :

— Je reviendrai chez vous, s'il n'y a plus de jardin à faire ni de cave à ranger, vous me ferez tamponner les lettres.

Le dégel commença deux jours plus tard et Lafond reprit le sentier de la ferme. L'eau ruisselait de partout et le chemin était un petit torrent. Il fallait soit sauter d'une pierre à l'autre, soit grimper sur les talus pour éviter les coulées de boue venues des labours voisins. La neige tombait des arbres en gros paquets qui se désagrégeaient sur les branches des buissons ou giflaient les rochers en éclaboussant.

A un certain moment, Lafond glissa sur une souche recouverte de glace et son pied s'enfonça dans la boue. Il jura, chercha un îlot à peu près sec et posa son sac. Puis s'approchant d'un buisson, il coupa une branche pour décrotter sa chaussure et son pantalon. Comme il achevait ce travail, il entendit patauger dans le sentier, en contrebas. Un homme parut bientôt qui portait d'une main une vieille valise et de l'autre un sac à provisions. Il pouvait avoir une trentaine d'années. Arrivé devant Lafond, il s'arrêta.

— Salut, dit-il.
— Salut, dit Lafond.

— C'est bien le chemin qui mène à la ferme des Magnin?

— C'est bien ça.

— Vous y allez aussi?

Lafond hésita, observa l'homme et finit par dire :

— Ça dépend.

— Comment, ça dépend? Vous ne savez pas où vous allez?

Lafond sourit.

— Ça, au fond, c'est bien vrai.

L'autre parut vraiment surpris. Il avait posé sa valise sur un tertre et s'apprêtait à la reprendre lorsque Lafond demanda :

— Et toi, tu y vas?

— Oui, bien sûr.

— Tu y vas pour travailler?

— Exactement. C'est l'Office agricole qui m'envoie.

— Très bien, très bien.

— Alors, demanda l'autre, vous venez?

— Non, dit Lafond, c'est plus la peine.

— Ben, ma foi, fit l'homme.

— Tu veux rouler une cigarette? demanda Lafond.

— Pourquoi pas?

Debout tout près l'un de l'autre sur cet îlot spongieux, ils roulèrent une cigarette. A côté d'eux, l'eau chantait. Le soleil était de plus en plus chaud et les arbres ruisselaient.

— Ça fond, dit l'homme.

— Oui.

— Va y avoir des crues dans les vallées.

— Sûrement.

Ils fumèrent un moment sans parler, puis l'homme demanda :

— C'est tout de même pas qu'ils vous auraient renvoyé pour me prendre, les Magnin?

— Bien sûr que non.

— Ah! bon.

Lafond regardait le sentier en direction du bas. L'eau fuyait en écumant pour disparaître au premier tournant, comme absorbée par un énorme tronc de hêtre. Ensuite, c'était la pénombre du bois, striée de soleil et tachée çà et là de larges pans de neige.

— Ça sera bientôt le printemps, dit l'homme.

— Hé! oui.

Lafond ralluma sa cigarette qui venait de s'éteindre puis, chargeant son sac sur son dos, il tendit la main à l'autre en disant :

— Eh bien! ma foi, tu donneras le bonjour aux Magnin. Le bonjour de Lafond... Légionnaire Lafond.

Et il s'éloigna, sautant d'une pierre à un talus, du talus à une souche.

Son sac ballottait sur son dos et l'homme le regarda partir en tirant sur sa cigarette. Dès que Lafond eut disparu derrière le gros hêtre, l'homme reprit sa valise et se remit à grimper en murmurant :

— Sais pas ce que c'est, celui-là!... Lafond... Légionnaire Lafond!

Arrivé à l'endroit où le sentier rejoint la route, Lafond s'arrêta. Il regarda tout d'abord vers le village puis vers la vallée. Derrière les arbres nus, un rideau de brume montait à la rencontre de la lumière. Il y avait là comme une grande bataille d'ombre et de soleil, de jour et de nuit. Le bruit des ruisseaux dévalant de toutes parts, l'averse qui tombait des branches faisaient un grondement sourd. Çà et là, un oiseau chantait.

Lafond était attiré par cette route qui plongeait

vers cette brume lumineuse. Son sac était bien équilibré sur son dos. Il avait gardé à la main le bâton coupé au buisson. La neige de la route, fondue en bien des endroits, laissait apparaître de larges taches noires de goudron luisant.

Lafond soupira. Son bâton fouetta plusieurs fois la neige molle du fossé. Il se retourna et regarda la montagne, très loin, derrière les toits du village. Il eut un hochement de tête et grogna :

— C'est tout de même extraordinaire

Il eut encore un regard pour la route de la vallée, puis, un peu las, il se dirigea vers la maison du Toine.

A mesure que le printemps approchait, la vie reprenait au village. Lafond, qui s'était installé de nouveau dans la grange du Toine, commença par bêcher et ensemencer le jardin de Léonie. Puis il se loua à la journée dans plusieurs autres maisons du village, prêta main-forte au Toine pour le charroi du fumier, tant et si bien qu'il finit par connaître tout le monde. On s'était très vite aperçu que Lafond savait tout faire, qu'il pouvait s'adapter à toutes les besognes et que, pour bien des choses, il connaissait d'excellentes recettes. De plus, au moment des repas et de la veillée, il suffisait de l'écouter parler. C'était comme si l'on eût visité avec lui des pays dont on se souvenait à peine d'avoir entendu le nom à l'école, au cours d'une leçon de géographie. Il y avait, dans les récits de Lafond, des hommes de toutes les couleurs, et des bêtes de toutes les espèces. Il y avait aussi beaucoup de chemin parcouru; des années et des années à poser ses pieds l'un devant l'autre sur une interminable route.

Et souvent, quand Lafond parlait de route, son front se plissait, son regard s'assombrissait. Il paraissait réfléchir un moment avant de murmurer pour lui seul :

— Tout de même, c'est extraordinaire.

Et, chaque fois, son regard se portait en direction de la montagne qui barre le fond de la vallée.

Au mois d'avril, il vint à la poste toucher sa pension. La Léonie le paya, lui fit signer son reçu puis, quand tout fut en règle, elle se dirigea vers la porte de séparation, l'ouvrit et demanda :

— A présent, si vous voulez venir boire un verre...

C'était toujours ainsi. Tant que les formalités n'étaient pas toutes remplies, Lafond demeurait de l'autre côté de la cloison grillagée, et la postière ne prononçait alors que les mots strictement nécessaires à l'accomplissement de sa tâche.

Il entra donc et, aussitôt, la chienne se précipita sur lui. Il l'empoigna et la prit dans ses bras tandis que la Léonie s'extasiait.

— Mon Dieu, quel amour! Il n'y a qu'à vous qu'elle fait de pareilles fêtes!

— Sûr qu'en sortant de chez vous, je n'ai plus besoin de me débarbouiller, dit-il. Que voulez-vous! on n'a qu'un parrain, elle le sait bien.

Quand Lafond fut assis devant un verre de vin, la Léonie se planta face à lui, le dos à la fenêtre et demanda :

— Qu'est-ce que vous faites donc? Je ne vous vois plus.

— Je n'y arrive plus. Tout le monde me réclame.

Elle fit la moue en grognant.

— Bien sûr, et vous préférez aller chez les autres. Sans doute qu'ils payent mieux.

Lafond haussa les épaules. Elle fit une pause avant d'ajouter :

— Et pourtant, si j'ai bonne mémoire, j'ai bien été la première à vous donner de l'ouvrage, dans ce pays. Et à présent, mes petits pois sont bons à butter et à ramer, et il faudra que je le fasse.

Ils se chamaillèrent un moment, puis Lafond promit de venir le lendemain.

— Mais c'est dimanche, observa la Léonie.

— Justement, je suis libre

— Mais on ne travaille pas le dimanche.

— Dans les P.T.T. peut-être, mais moi, je ne suis pas postier.

Elle ne savait pas très bien si elle devait rire ou se fâcher. Elle fit une grimace qui laissa voir son unique dent, tandis que Lafond ajoutait :

— Et puis, pour vous faire plaisir, qu'est-ce que je ne ferais pas?

La Léonie rougit, bredouilla quelque chose, puis s'en alla vers son guichet où elle déplaça deux bouts de crayon et un tampon.

— Je ferai ce qu'il y a à faire pendant que vous irez à la messe, dit Lafond. Il n'y en a pas pour bien longtemps. Et l'après-midi, s'il fait aussi beau qu'aujourd'hui, j'irai faire un petit tour avec Légion. Faut qu'elle coure un peu, cette bête, sinon elle va grossir et elle ressemblera à ces cabots ronds comme des pommes que les mémères font pisser sur les trottoirs des grandes villes.

Il se mit à parler à la chienne qui n'avait pas quitté ses genoux. Il lui racontait des histoires de chiens. Depuis les chiens arabes aussi secs que des coups de trique jusqu'aux chiens que les Chinois engraissent pour les manger. Légion semblait l'écouter, penchant la tête à droite et à gauche, dressant l'oreille et avançant de temps à autre le museau pour donner un coup de langue.

Toujours adossée au rebord de la fenêtre, la Léonie riait, attendrie par les mines de la chienne autant qu'émerveillée par les histoires de Lafond.

Le lendemain matin, Lafond s'occupa du jardin. La chienne était avec lui et il s'arrêtait de temps à autre pour jouer avec elle. Il la bousculait et la faisait rouler dans les carrés. Comme la terre était encore mouillée et molle, la chienne fut bientôt crottée jusqu'au bout des oreilles.

— T'es chouette, disait Lafond, tu vas l'entendre gueuler, ta Léonie, quand elle va rentrer.

De fait, lorsque Léonie, raide dans ses vêtements du dimanche et le visage pincé sous son chapeau à voilette, parut à la porte du jardin, la chienne se précipita sur elle. La postière recula et eut un haut-le-corps. Tout d'abord, elle ouvrit une bouche immense sur son chicot, mais aucun son n'en sortit. Ensuite, reculant vers l'escalier, elle se mit à crier :

— Mais c'est pas elle. Doux Jésus! c'est impossible. Mon Dieu, quelle horreur, quelle horreur, quelle horreur!

La porte claqua. Sa maîtresse disparue, la chienne resta immobile, plantée sur ses pattes écartées, le nez pointé en direction de la serrure. En bas, Lafond riait toujours. Légion se tourna vers lui et, fouettant de la queue, elle vint le rejoindre en gambadant.

— T'as raison, dit Lafond, faut pas dramatiser, ça lui passera, va!

Les cris de la postière recommencèrent dès que l'homme et la chienne rentrèrent.

— Mon plancher, mes habits, la chaise! C'est

un malheur, elle va tout gâcher. Une calamité. Il faut que vous soyez un peu détraqué pour l'avoir arrangée pareillement.

Tout d'abord, Lafond se contenta de rire, puis, comme la Léonie continuait, il finit par crier :

— Vous m'emmerdez avec vos jérémiades, on n'est pas dans un salon de l'avenue du Bois, pour avoir un clébard au patchouli!

La Léonie resta figée sur place. Il y eut un long silence avant qu'elle ne se mette à bredouiller :

— Ça alors, ça alors. C'est la première fois qu'on me parle sur ce ton.

Lafond paraissait ennuyé, il haussa les épaules, se versa un verre de vin qu'il vida d'un trait, puis murmura :

— C'est agaçant, aussi, d'entendre des histoires pareilles pour un chien crotté.

La postière soupira longuement avant de souffler :

— Oh! tout de même, me parler ainsi...

Ils mangèrent en silence. Légion ne quittait pas Lafond qui se penchait souvent pour la caresser et lui donner un morceau de pain trempé dans le jus de viande ou une couenne de fromage. A deux ou trois reprises, il lui dit :

— C'est bon, hein? C'est tout de même un sacré cordon-bleu, ta maîtresse. Tu ne crois pas? C'est mieux qu'à la roulante!

La chienne battait le pied de la table de sa queue boueuse. La Léonie mangeait, très droite sur sa chaise, les coudes collés au corps, le regard fixé au centre de son assiette. Vers la fin du repas, comme la chienne approchait d'elle, elle glapit en levant la main :

— Ah! ne me touche pas. Ne me touche pas, cochonne!

Lafond l'observait en s'efforçant de ne pas rire.

Dès qu'ils eurent bu le café et que Légion eut croqué son sucre, Lafond se leva en disant :

— Allez, faut profiter du soleil, on va aller faire un grand tour au bois.

Il alla jusqu'à la porte donnant sur le jardin puis, avant d'ouvrir, il se retourna pour ajouter :

— Ça ne vous dit rien, de venir avec nous?

— Pour quoi faire? demanda la Léonie d'une voix aiguë.

— Pour prendre l'air, pardi, et marcher un peu. Vous êtes là toute la semaine à vivre comme une endive

— Décidément, vous êtes dans un jour de compliments. Si je vais avec vous, je me demande bien ce que je risque d'entendre!

— Venez toujours, vous verrez bien.

La Léonie eut encore un instant d'hésitation, puis s'affaira d'un coup.

— Mais qu'est-ce que je pourrais bien mettre? Je n'ai pas l'habitude d'aller dans les bois.

Comme elle prenait son chapeau à voilette, Lafond fit remarquer :

— Ce n'est pas au Bois de Boulogne qu'on va, vous n'allez pas vous coller ce machin sur... sur... enfin, vaudrait mieux mettre un foulard ou un bonnet quelconque.

La Léonie chercha, et finit par poser un carré de soie chinée sur son chignon gris. Puis, renonçant à son manteau noir, elle enfila une grosse veste de laine.

— Avec la chaleur qu'il fait, on se croirait en juillet dit Lafond. Vous ne risquez rien, surtout en marchant.

Ils prirent tout d'abord la route qui mène à la ville, puis la quittèrent pour un sentier montant entre deux friches.

— Je connais, expliqua Lafond, ça rejoint le plateau où les Magnin ont des terres. De là-haut, on a une belle vue sur la vallée.

— Vous n'allez tout de même pas me faire grimper jusque là-haut?

— Pourquoi pas?

— C'est que je n'ai plus dix-huit ans, moi!

— Et alors? Moi non plus.

Il se retourna et s'arrêta pour l'attendre. Puis, comme elle parvenait à sa hauteur, il ajouta :

— Plus dix-huit ans, plus dix-huit ans, ça ne veut rien dire. A vous regarder, comme ça avec votre foulard, on vous en donnerait à peine vingt-cinq.

Essoufflée par la montée, la Léonie était déjà trop rouge pour piquer son fard, mais elle baissa la tête en murmurant :

— Allons, ne dites pas de sottises.

Il faisait vraiment chaud. Le ciel était bleu et il y avait à peine un souffle d'air qui montait de la vallée. Tout luisait sous le soleil et, dans la friche, plusieurs petites sources étincelaient entre les touffes d'herbe jaune.

Ils atteignirent bientôt la lisière du bois qu'ils suivirent un long moment. Tout vivait. C'était un vrai printemps plein d'oiseaux et de chants, avec partout la fuite rapide des lézards dans les feuilles sèches. Sur l'autre coteau, les prés d'un vert cru paraissaient plus proches que les bois encore gris. Plusieurs terres fraîchement labourées se détachaient presque rouges.

Légion courait autour d'eux, reniflant le vent et la terre, grattant des pattes l'entrée des terriers, jappant parfois à la poursuite d'un insecte ou d'une souris.

— Vous voyez, disait Lafond, elle est déjà plus propre; quand elle aura couru dans l'herbe tout l'après-midi, elle sera comme un sou neuf.

Peu à peu, la Léonie se déridait. Elle ne parlait pas à cause de la montée qui lui coupait le souffle, mais son visage s'efforçait à sourire.

A l'endroit où le chemin devint vraiment difficile, Lafond lui prit la main pour l'aider puis, une fois franchi le mauvais passage, il lui donna le bras.

Ils allèrent ainsi un long moment sans parler. Le chemin montait moins, et pourtant ils marchaient plus lentement. Parfois, très loin devant eux, la chienne s'arrêtait pour les attendre. Assise au creux d'une ornière, elle les regardait venir, la gueule ouverte et la langue pendante.

Ils avaient presque atteint le plateau lorsque Légion quitta le chemin pour aller fouiner sous un mûrier, à la lisière sud d'un bouquet d'acacias. Il faisait bon au soleil dans ce creux de la terre que le bois abritait du vent.

Lafond tenait toujours sous le sien le bras maigre de la Léonie. Ils ralentissaient le pas en approchant du bois. Lafond regardait la chienne.

On ne voyait plus de Légion que son train arrière émergeant des ronces, et sa queue qui battait les brindilles. Soudain, comme le couple arrivait à sa hauteur, elle fit un saut en arrière en hurlant.

— Elle a dû se piquer le nez, fit la Léonie.

Mais déjà Lafond, lâchant son bras, avait bondi vers le buisson.

— Mon Dieu, cria la Léonie, mon Dieu, faites attention.

Rapide et précis, Lafond venait de frapper le sol du talon de son brodequin. Il se baissait, pour se relever aussitôt, le bras tendu à hauteur de l'épaule, brandissant une vipère encore agitée de soubresauts.

— C'en est une, fit-il. Bon Dieu de saloperie!

La Léonie restait immobile, les mains croisées sur sa poitrine, son chicot mordant sa lèvre.

Lafond jeta la vipère au milieu du chemin et courut vers la chienne qui se léchait le poitrail.

— Elle l'a piquée, gémit la Léonie, elle l'a piquée. Mon Dieu, elle est perdue.

— Taisez-vous. Et surtout ne vous affolez pas.

Empoignant la chienne, il s'assit sur le talus et la mit sur ses genoux. Dans le poil touffu, il trouva rapidement les deux petits trous roses qu'avaient laissés les crochets.

— Vous croyez qu'elle l'a piquée? demanda la Léonie. Elle ne crie pas, elle a peut-être eu peur simplement.

— Non, ça ne fait pas plus mal qu'une épine. Mais tenez, regardez, c'est bien ça.

Gémissant toujours, la Léonie se pencha.

— Arrêtez vos jérémiades, grogna Lafond. Prenez mon couteau dans la poche gauche de mon pantalon et ouvrez-le. Allons, vite, vite.

Il allongea la jambe. La Léonie plongea la main dans sa poche et sortit très vite le couteau.

— Allez, ouvrez-le, quoi!

Maintenant la bête de son bras gauche, Lafond attaqua la chair d'un coup sec. Légion hurla et la Léonie se détourna, la main sur les yeux.

— Feriez mieux de m'aider à la tenir, cria Lafond.

114

La Léonie se décida à empoigner le collier de Légion et à maintenir ses pattes.

La chienne commençait à se débattre. Le sang coulait, rougissant le pelage blanc à cet endroit.

— Asseyez-vous et prenez-la sur vos genoux, dit Lafond. Je vais sucer le venin.

— Vous n'y pensez pas, gémit la Léonie.

— Dépêchez-vous, tonnerre de merde! et discutez pas.

La postière obéit. Dès que Légion fut étendue sur ses genoux, Lafond s'agenouilla par terre et, collant sa bouche à la plaie, il aspira longuement avant de cracher le sang et le venin.

— Mon Dieu, quel courage! murmurait la Léonie. Mon Dieu, est-ce possible?

Lafond aspira et cracha une dizaine de fois. Puis, se relevant, il caressa la chienne en disant :

— Pauvre petite, va. Pauvre petite.

— Vous pensez qu'elle peut s'en tirer?

— J'espère bien. En tout cas il faut rentrer tout de suite. Donnez-la-moi, je la porterai; si elle marchait, ça activerait la circulation du sang, et il ne faut pas.

Ils se mirent en route. Lafond allait devant. La chienne, roulée en boule contre sa poitrine, passait le museau par l'échancrure de sa veste mal fermée. De temps à autre, elle levait les yeux vers lui et poussait un gémissement à peine perceptible. Comme il faisait plus frais, Lafond finit par la cacher entièrement sous son vêtement. Sans s'occuper de la Léonie qu'il avait distancée dès le départ, il marchait vite, courbé en avant, avec, tout contre sa poitrine, la chaleur de la petite chienne.

Ce soir-là, la postière et Lafond veillèrent très tard. Ils avaient couché Légion dans sa corbeille, posée sur une chaise tout près du poêle. Assis de

chaque côté, ils la regardaient, guettant ses soupirs et les frissons qui couraient par moments
sur son poil.

— Faudrait peut-être la couvrir, dit la Léonie.

— Non, elle étoufferait. Faut qu'elle ait chaud
mais faut pas qu'elle manque d'air.

La postière mangea peu. Lafond, au contraire,
fit un repas solide.

— Les émotions, ça creuse, dit-il.

Dès que Légion se réveillait, Lafond se préci-
pitait pour lui présenter une tasse de lait. Presque
chaque fois, elle buvait un peu, s'étirait, léchait
sa plaie, puis se recouchait après avoir regardé
Léonie et Lafond.

— Elle doit avoir la fièvre, disait sa maîtresse.

— Peut-être un peu, mais je pense qu'elle va
s'en tirer.

La postière demanda plusieurs fois à Lafond
s'il ne ressentait rien. Le légionnaire riait en
disant qu'il en fallait bien davantage pour inquiéter un estomac comme le sien.

— Vous devriez tout de même boire une goutte
de lait, proposa la Léonie.

— Du lait? C'est pour le coup que je risque-
rais d'être malade, oui. Pas de ça. Donnez-moi
plutôt un canon de vin ou une bonne goutte.

Elle sortit donc un litre de vieux marc et, tout
en continuant sa veille, Lafond buvait, emplissant
son verre dès qu'il l'avait achevé.

Un peu avant minuit, comme il s'assoupissait
sur sa chaise, la postière parla d'aller se coucher.

— C'est ça, dit Lafond, montez, moi, je res-
terai là.

— Mais vous n'allez pas veiller toute la nuit?

— Non, je m'étendrai et je dormirai. Vous en
faites pas.

— Vous étendre sur quoi?

116

— Filez, que je vous dis, et faites-moi seulement passer une couverture.

La Léonie obéit en marmonnant. Elle apporta une couverture, et, dès qu'elle eut gagné sa chambre, après une dernière caresse à la chienne, Lafond éteignit la lampe et s'étendit par terre, à côté de la table. Il resta un moment les yeux fixés sur la porte du poêle où une bûche énorme se consumait lentement, puis, dès qu'il eut achevé sa cigarette, il s'endormit.

Le lendemain, Légion but encore beaucoup de lait, continua de lécher sa plaie, et dormit tout le reste de la journée dans son panier à côté du poêle. Lafond bricola dans le jardin et la cour, montant de temps à autre boire un verre et regarder la malade. De son guichet, la Léonie veillait également, et, plus de dix fois, elle raconta l'accident, insistant beaucoup sur le courage de Lafond. Les bonnes femmes hochaient la tête en ouvrant des grands yeux, les hommes fronçaient les sourcils en marmonnant des injures et plusieurs personnes dirent que Lafond était, à coup sûr, un petit peu sorcier.

Le soir, une fois les volets tirés et la porte du bureau fermée à clef, la Léonie dressa le couvert. Lafond s'était assis près du poêle pour examiner la blessure de la chienne. Lorsqu'il l'eut recouchée dans son panier, il vint s'installer à table. Ayant bu un verre de vin, il commença de couper du pain dans son assiette en disant :

— Bon Dieu! qu'on est bien ici!

Il avait dit cette phrase comme ça, sans penser bien loin, comme il avait toujours eu l'habitude de faire lorsqu'il découvrait un bon cantonnement. La Léonie, qui venait de poser sa casserole de soupe au milieu de la table, demeura immobile, la louche d'une main, le couvercle de l'autre, à regarder Lafond. Celui-ci acheva de couper son pain, posa son couteau à côté de son assiette puis leva les yeux. Il y eut un bref silence avant qu'il ne demande :

— Qu'est-ce que vous avez, ça ne va pas?

Les épaules de Léonie se soulevèrent lentement, ses mains s'écartèrent comme si elle eût voulu prendre de l'élan avant de cogner l'un contre l'autre ses deux ustensiles, puis elle soupira :

— Oh! si, ça va. Ça va bien.

— Ah! bon, fit Lafond, mais vous avez l'air d'être toute chose.

— Toute chose?

— Enfin, quoi, toute remuée.

Elle baissa les yeux en murmurant :

— C'est un peu ça.

— ...

— C'est ce que vous avez dit.

Il fronça les sourcils et demanda :

— Moi, j'ai dit quelque chose?

— Vous avez dit : « Qu'on est bien ici! »

— Ben oui, quoi, on est bien. C'est vrai.

— C'est vrai, répéta-t-elle dans un souffle.

Lafond continuait de la regarder. Il se gratta longuement le menton. Ses doigts rêches faisaient un bruit de râpe sur sa barbe de trois jours. Le silence s'éternisait. La Léonie tenait toujours sa louche et son couvercle de casserole. Entre eux, un nuage de buée montait de la soupe vers la suspension. Lafond parut hésiter un peu, se gratta la tête puis finit par dire :

— Bien sûr, on est très bien, comme ça, tous les deux.

La postière sourit, découvrant sa dent, inclina

la tête sur l'épaule et, regardant vers la chienne, elle minauda :

— Tous les trois. Il faut dire tous les trois.

— C'est vrai, elle compte, cette petite garce-là.

— Oh! ne dites pas des mots pareils en parlant d'elle.

— Ça alors, si vous voulez m'empêcher de jurer, faudra vous lever matin.

— J'aimerais bien y arriver, dit la Léonie. Mais enfin, si c'est impossible...

Lafond eut encore un instant d'hésitation avant de répondre :

— Vous croyez vraiment que vous pourriez supporter un homme aussi mal éduqué que moi?

La Léonie posa ses ustensiles pour porter ses deux mains à sa poitrine.

— Bien sûr. Oh! bien sûr, fit-elle... Et puis, ça n'est pas vrai, vous n'êtes pas mal éduqué, c'est seulement votre langage qui est un peu... un peu rude.

Il s'était levé. Lentement, ils marchèrent l'un vers l'autre. Au bout de la table, ils s'arrêtèrent. La chienne avait tourné la tête et ouvert les yeux. La distance d'un pas les séparait encore. Comme Lafond avançait lentement, levant ses bras écartés, la Léonie baissa les paupières en murmurant :

— Mon Dieu, c'est pourtant plus de nos âges!

Il fallut plus de deux semaines à Lafond pour convaincre la Léonie que le mariage n'était pas nécessaire. Pour elle, il y avait le péché; pour lui, le mariage était impossible.

— Mais enfin, demandait-elle, pourquoi?

— Parce que.

— Mais parce que quoi?

— Eh bien! c'est comme ça. Je ne peux pas me marier.

— Mais il y a bien une raison.

— Il y en a mille.

— Lesquelles?

— Je ne peux pas les donner... C'est... c'est comme ça. Ça ne s'explique pas. Je ne peux pas, je ne peux pas. C'est pas des raisons qui regardent le monde, c'est en moi, simplement. Je sens que je ne peux pas me marier. Alors, faut vous décider à ce qu'on vive ensemble sans être mariés.

Chaque fois qu'il parlait ainsi, la Léonie rougissait, baissait les paupières et finissait par soupirer en retournant à son guichet.

— Ah! disait-elle, je me demande pourquoi je discute. Au fond, c'est le destin... C'est le destin. Il est dit que je n'aurai jamais de chance.

Lafond se taisait, retournait à son bricolage puis, à la première occasion, il revenait à la charge.

— Vous vous souciez toujours du qu'en-dira-t-on, mais, depuis que je loge ici, les gens peuvent bien penser ce qu'ils veulent.

La Léonie pinçait les lèvres en fronçant les sourcils.

— Qu'ils pensent ce qu'ils veulent, lançait-elle, je m'en moque pas mal. Mais que je n'entende jamais une réflexion!

— N'empêche que ça ne change rien à ce qu'ils pensent. On vivrait ensemble qu'ils n'en diraient pas plus.

— Ce n'est pas ce qui m'inquiète. Ce qui compte pour moi, c'est mon en-dedans.

Et, en disant cela, elle se frappait la poitrine des deux mains.

— Alors, maugréait Lafond, vaut mieux qu'on n'en parle plus.

120

Enfin, après la deuxième semaine, un soir qu'ils étaient assis l'un à côté de l'autre devant le poêle et que Lafond caressait la chienne couchée sur ses genoux, la Léonie cessa soudain de tricoter pour dire :

— Vous faites bien plus de cas de cette bête que de moi.

Il hésita, s'arrêta un instant de caresser Légion, puis, avec un demi-sourire, il finit par lancer :

— Faut reconnaître qu'elle est moins compliquée que vous, elle n'a pas besoin de signer des papiers pour venir s'asseoir sur mes genoux.

La Léonie eut un haut-le-corps et répéta plus de trois fois :

— Ça alors, par exemple! Oh! par exemple!

Lafond n'en fut pas ému. Il la laissa parler, puis, lorsqu'elle eut repris son tricot, il dit simplement :

— C'est pourtant vrai, et ça prouve que les bêtes sont souvent moins bêtes que nous.

La Léonie continuait de travailler, mais ses gestes étaient plus saccadés. A chaque instant, elle levait la tête pour lancer un regard rapide vers Lafond, puis vers la chienne.

Une heure passa peut-être, durant laquelle Lafond parla deux ou trois fois à la chienne, puis, comme il commençait de batailler en demandant à Légion si elle voulait regagner son panier, la Léonie lui dit :

— Vous avez tout de même une fichue caboche. Une vraie tête de bois.

— Ça, vous n'êtes pas la première à le constater.

— Non, mais je suis peut-être la première à en souffrir vraiment.

Lafond se tourna vers elle. En disant cela, elle

avait eu dans la voix un tremblement bizarre.
Comme il ne savait que dire, ce fut elle qui
reprit :

— C'est vrai... C'est pourtant vrai. Arriver à
mon âge pour être comme ça... Ah! je suis bien
punie... Bien punie de ma faiblesse.

— Vous voulez dire que c'est votre entêtement
qui nous punit tous les deux.

— Oh! vous.

— Quoi, moi?

— Vous n'avez pas l'air d'en souffrir beaucoup.

— Alors, grogna-t-il, c'est que vous n'y voyez
pas très clair.

Il s'était levé. Comme il posait la chienne dans
sa corbeille, la Léonie se leva à son tour et vint
se planter devant lui. Lorsqu'il se fut redressé,
le regardant au fond des yeux, elle demanda :

— Et si je vous disais que vous êtes le plus
fort?

Lafond ne parut aucunement troublé. Il
s'avança près d'elle puis, la prenant dans ses bras,
il murmura :

— Ma foi, ça simplifierait bigrement les
choses.

Sans ajouter un mot, ils éteignirent la lampe
et montèrent tous deux dans la chambre de Léonie.

Leur existence ne changea guère. La Léonie
était seulement un peu plus raide derrière son
guichet, toisant les clients d'un regard qui leur
ôtait toute envie de poser des questions. Elle
écrivait, tamponnait, pesait les colis, rendait la
monnaie avec la même dignité. Lafond s'occu-

pait à la cave, au bûcher ou dans le jardin. Il allait aussi faire de longues promenades dans les bois avec la chienne et travaillait également pour le Toine et quelques autres cultivateurs du village. Il pouvait tout faire. Chacun le savait à présent, et l'on venait le chercher pour n'importe quelle besogne.

La Léonie n'avait pas de parents dans la région, mais, comme elle avait vécu plusieurs années à la ville, quelques amis venaient parfois lui rendre visite.

Un dimanche du mois de juillet, un couple arriva au début de l'après-midi. Il faisait chaud. Les volets étaient tirés et la pièce gardait un peu de fraîcheur. La Léonie parut heureuse de cette visite. Lafond descendit à la cave d'où il monta une bouteille de vin vieux qu'il ouvrit lentement, avec des gestes mesurés.

— Votre vin est bon, dit l'homme. Vous devez avoir une bonne cave.

— Depuis qu'il est ici, observa la Léonie, notre cave est toujours bien tenue.

Elle souriait en regardant Lafond puis son amie.

Ils parlèrent encore du vin, du jardin et du temps.

Puis il y eut un silence avec juste le bruit que faisait Légion en se grattant le cou. La plaque de son collier tintait comme un grelot fêlé et, de temps à autre, elle soufflait très fort. Au bout d'un moment, la Léonie demanda :

— C'est la première fois que vous venez ici, vous n'avez pas eu trop de mal à trouver, au moins ?

— Non, dit la femme, on nous a indiqué, en quittant la ville.

— D'ailleurs, ajouta l'homme en riant, on ne

123

risque pas de se tromper, puisque la route ne va pas plus loin.

— C'est vrai, dit la Léonie.

L'homme se tourna vers Lafond et ajouta :

— C'est curieux, tout de même, cette route qui ne va pas plus loin. C'est la première fois que je vois ça.

Lafond hocha la tête en soupirant :

— Oui, dit-il, moi aussi c'est la première fois. Et pourtant, j'en ai vu, des routes. Des milliers et des milliers de kilomètres de routes. Partout, dans le monde entier. Et toujours elles finissaient par aboutir quelque part. Et quand elles s'arrêtaient, c'est qu'elles n'étaient pas terminées, alors on se mettait au travail et on les continuait. Jusqu'à en retrouver une autre.

— Bah! remarqua le visiteur, celle-là aussi, en la continuant, on finirait par tomber sur une autre.

— Il y a la falaise à pic derrière la montagne, dit la Léonie, on ne peut pas aller plus loin.

— Les falaises, vous savez, avec les moyens modernes...

— Peut-être, mais ça ne servirait à rien.

— Tout de même, d'ici, ça fait drôle de se dire qu'on ne peut plus rien faire d'autre que revenir sur ses pas.

Après cette phrase de l'homme, Lafond répéta plusieurs fois comme pour lui :

— C'est vrai, ça fait drôle, ça fait tout drôle.

Puis ils parlèrent de voyage. Silencieux d'abord, Lafond se bornait à hocher la tête de temps à autre, mais après quelques verres de vin, il se mit lui aussi à raconter.

Depuis qu'il était avec la Léonie, jamais il n'avait autant parlé de lui. Elle l'écoutait, le souffle court, les yeux pleins d'admiration.

Dès que la bouteille fut vide, il s'arrêta le temps d'aller en chercher une autre, puis reprit son récit.

Vint l'heure d'ouvrir les volets; puis le moment d'allumer la lampe. Les visiteurs parlèrent de s'en aller, mais déjà la Léonie cassait les œufs pour une omelette et épluchait les pommes de terre. Son amie s'était levée pour l'aider, mais tout en travaillant, elles continuaient toutes deux d'écouter Lafond. Il y avait à présent quatre bouteilles vides sur la table, et il fallut en déboucher une autre pour le repas. Pendant qu'ils mangeaient, le récit de Lafond ralentit à peine, pour reprendre de plus belle dès que le litre d'eau-de-vie fut sur la table.

Très avant dans la nuit, lorsque les femmes commencèrent de cligner des paupières, le visiteur n'était plus en état de conduire sa voiture.

— Faut que vous couchiez ici, dit la Léonie. Seulement, je n'ai qu'un lit.

— Les femmes, dit Lafond, vous coucherez toutes les deux. Nous, nous irons dans la paille du Toine, je sais où est la clef de sa grange.

Ils s'embrassèrent tous les quatre, et les deux hommes sortirent.

La nuit était chaude. Ils s'arrêtèrent le temps d'uriner contre le fumier du Toine.

— Une belle nuit pour marcher, observa Lafond.

— Trop noire, dit l'homme, on n'y voit pas plus que dans un placard.

— L'œil s'habitue, dit Lafond. Et par des nuits pareilles, l'ennemi ne peut jamais vous repérer. Suffit de bien savoir où l'on va.

Ils entrèrent dans la grange. Lafond prit le bras de l'homme et le conduisit vers le tas de paille.

— Vous saurez vous arranger? demanda-t-il.

— Bien sûr, j'ai été soldat, moi aussi.

— Alors, c'est bien.

Ils se couchèrent. Lafond resta un moment immobile à écouter le craquement de la paille sous sa tête.

— C'est quand même drôle, dit l'homme, cette route qui s'arrête ici.

— Oui, c'est drôle, vraiment.

L'homme ne répondit pas et, bientôt, Lafond l'entendit ronfler.

Il l'écouta pendant un long moment. Sous sa tête, le crépitement de la paille diminuait peu à peu, la tiédeur de la nuit avait ici des odeurs d'écurie et de foin. Sous les tuiles, des rats grattaient les poutres. Lafond retrouvait tout un monde perdu depuis des mois. Quelque chose semblait venir de la nuit et pénétrait lentement en lui. Sa tête était lourde des vapeurs de l'alcool absorbé, mais d'autres choses aussi, de choses indéfinissables.

Il s'assit lentement. La nuit était épaisse mais il se tourna vers son compagnon pour murmurer :

— T'as raison, cette route, c'est tout de même pas normal.

Invisible, l'autre ronflait toujours. Après un moment, Lafond dit encore :

— Tu t'en fous, toi, tu roupilles.

Il se recoucha quelques instants puis se dressa de nouveau en grognant :

— Y a rien à chiquer, faut encore que je pisse... Après tout, avec ce qu'on a bu, c'est normal.

A tâtons il se dirigea vers la porte. Par contraste, la nuit du ciel lui parut claire. Les étoiles clignotaient. Un souffle d'air à peine perceptible passait dans les arbres de la vallée. Lafond retourna vers le fumier du Toine. Quand il se fut soulagé, il demeura longtemps immobile, tourné vers la montagne qui ferme le fond du val, scrutant la nuit, l'oreille tendue. Rien ne venait de cette direction. C'était le vide. Une obscurité qui semblait ne rien cacher.

Lafond se frotta le menton, puis le crâne, en marmonnant :

— Bon Dieu de bon Dieu, c'est tout de même extraordinaire!

Il hésita encore, eut un regard pour la façade à peine visible de la maison du Toine, puis, soudain, il se mit à marcher en grognant :

— Faut que j'en aie le cœur net... Ça peut pas durer.

Lorsqu'il passa devant la maison de la Léonie, il lui sembla que la chienne pleurait dans la cuisine. Il ralentit le pas, se gratta encore le menton et contourna la maison pour atteindre la porte de la cave. Il ouvrit sans bruit et alluma son briquet. Sur un des rayonnages qu'il avait installés, il trouva son sac qu'il brossa de la main avant d'y mettre un morceau de lard et la moitié d'une boule de pain. Ensuite, il tira au tonneau deux litres de vin qu'il plaça également dans le sac. Il but deux grands verres, roula une cigarette, l'alluma et lança son sac sur son dos. Comme son briquet faiblissait il l'éteignit, mais malgré l'obscurité totale, il trouva aisément la boucle de sa bretelle qu'il accrocha du premier geste. Il eut deux haussements d'épaules pour équilibrer la charge et sortit dans le jardin. Ayant refermé la porte, il demeura quelques instants à écouter, puis regagna la rue et reprit son pas régulier.

Arrivé au bout du village, il s'engagea sur la sente qui grimpe entre les prés et les vergers. Il la connaissait pour y être venu deux ou trois fois avec la chienne ou bien encore avec le Toine qui avait un champ de ce côté. Cependant, il atteignit rapidement la lisière du bois.

Là, c'était le fouillis. Des ronciers et du taillis avec, de loin en loin, un gros frêne.

Lafond longea la forêt en cherchant une trouée. Il allait vers le haut, dans le sens où la lisière s'éloigne des maisons. Il marcha longtemps et finit par trouver un endroit qui lui sembla moins touffu. S'accrochant aux ronces, il s'engagea dans cette nuit où seules luisaient quelques branches pourries et phophorescentes. Il les écrasait du pied et éparpillait les morceaux en disant :

— Si t'avais vu ça au Tonkin... Et l'océan Indien alors...

Sa voix résonnait drôlement sous la voûte des arbres. Les étoiles étaient rares, dans les trouées de feuillage. Parfois, un oiseau s'envolait, une bête détalait entre les troncs. Lafond s'arrêtait pour écouter, puis il repartait, écartant les branches et baissant la tête.

Il marcha ainsi durant plusieurs heures, s'arrêtant seulement de temps à autre pour boire une lampée de vin. Le ciel paraissait de plus en plus clair, mais l'obscurité du sous-bois demeurait aussi dense.

Lafond avait toujours en lui cette chose indéfinissable qu'il avait ressentie tout à l'heure, dans la paille. Un instant, il évoqua la Léonie endormie à côté de son amie, la chienne dans son panier, l'homme ronflant dans la paille du Toine.

— Bah! dit-il, tu t'en fous, tu roupilles.

Il pensa aussi que le Toine ne connaissait pas cet homme et se mit à rire.

— Vois, la gueule du Toine quand il va trouver ce type dans sa paille!

Après une longue marche, Lafond commença de voir, encore loin devant lui, le ciel plus clair apparaître çà et là entre les troncs. Il repartit plus vite et atteignit le bord du bois. Là, il s'arrêta. Le jour ne devait pas être loin car le ciel pâlissait, les étoiles étaient plus rares.

Par terre, c'était toujours la nuit, mais Lafond devinait le vide devant lui. Il le sentait. Encore quelques pas et ce serait la chute.

— Bon Dieu! faut faire gaffe, dans ce coin, murmura-t-il.

Il avança pourtant, tâtant la pierre du pied. Il fit trois pas avant de sentir l'arête rocheuse. Là, il s'immobilisa. Il se tournait de côté pour longer le sommet de la falaise lorsqu'il sentit la roche vibrer sous son poids. Il fit un grand geste des deux bras et ses mains battirent la nuit à la recherche d'un appui. Mais c'était le vide partout.

Il n'y eut qu'un glissement de terre avec le bruit des pierres qui tombent en ricochant sur d'autres pierres.

Il n'y eut que ce bruit, et un grand cri d'homme qui se perdit très loin, dans les éboulis qui sont au pied de la falaise.

LE JARDIN DE PARSIFAL

A Paul CHAVALOR.

L'homme entra dans le café, fit un pas hésitant vers le milieu de la salle, puis regarda les
tables du fond. Une femme lui sourit. Quand
leurs regards se croisèrent, elle leva la main et
fit un geste timide; puis, de son autre main, elle
souleva un journal posé devant elle. L'homme
s'approcha. Près de la table il s'inclina légèrement.

— Madame Perraud? dit-il.

— Oui, c'est bien moi.

Il s'inclina encore avant de s'asseoir en face de
la femme. Il y eut un moment de silence, et ce
fut elle qui parla :

— Vous m'excuserez, dit-elle, mais j'étais tellement certaine que c'était bien vous, que j'en
oubliais le journal.

Il avança sa main qu'il posa sur le marbre, tout
près de celle de la femme en murmurant :

— Moi aussi, j'étais certain de vous avoir
reconnue. Vous êtes tellement semblable à l'idée
que je m'étais faite de vous.

Elle baissa les yeux pour murmurer :

— Vraiment, vous n'êtes pas déçu?

— Non, vraiment, dit-il lentement.

Puis, comme le garçon s'avançait vers eux, il ajouta très vite :

— Ne restons pas ici, voulez-vous? Ces gens m'agacent.

Il paya le café qu'elle avait bu en l'attendant, puis ils se levèrent et sortirent.

— Où allez-vous m'emmener? demanda-t-elle.

Il parut réfléchir un instant, et, lui prenant le bras, il demanda :

— Voudriez-vous venir chez moi? Vous verrez, avec ce temps, le parc autour de ma maison est magnifique.

— Croyez-vous que ce soit bien raisonnable?

Il se contenta de sourire. Elle baissa les yeux et le suivit.

La voiture de l'homme n'était pas neuve, mais propre et confortable. Il la conduisait avec prudence, sans aucune rudesse. La femme le regardait. Elle aimait qu'il eût ce visage fin, ce teint pâle qu'elle avait espérés à la lecture de ses lettres.

— Pourquoi m'avez-vous priée d'apporter toutes vos lettres? demanda-t-elle.

— Comme ça, une idée à moi. Je n'aimerais pas qu'une autre personne que vous puisse les lire.

— Mais chez moi, personne ne les aurait lues. Je suis seule.

La voiture avait quitté la ville et roulait à présent sur la petite route de Gergayon.

— Pourquoi n'avez-vous jamais voulu me dire où vous habitez? demanda-t-elle.

— J'aime qu'il y ait toujours un peu de mystère partout.

Elle le trouvait beau.

— Mais ce n'est pas un peu de mystère, qu'il y a pour moi autour de vous... tout, tout est mystère.

— Plus pour longtemps, murmura-t-il.

Elle se tut. Les prés et les champs défilaient. Il y avait très peu de circulation. Quelques kilomètres avant Gergayon la voiture ralentit et s'engagea dans un chemin cahoteux qui grimpait entre deux bois de pins.

— Comme c'est joli, souffla-t-elle.

— Pas encore, dit-il. Attendez.

La route quitta le bois, continua de monter entre deux talus embroussaillés de ronces et de genêts, puis elle atteignit un replat où les pâtures bordées de haies se succédaient jusqu'à la forêt. Peu après les premiers arbres, la route devint encore plus cahoteuse. La voiture roulait au pas. Enfin, après une dernière montée, un virage brusque découvrit un mur très haut dans lequel s'ouvrait un portail de fer.

— Ne bougez pas, dit l'homme, je vais ouvrir.

Il descendit de voiture et la femme le vit soulever un étroit portillon métallique, plonger le bras puis retirer une énorme clef. Il ouvrit les deux battants et revint à la voiture. Un gros chien noir à longs poils tournait autour de lui. Il le caressa et lui parla doucement.

— Allons, rentre, dit-il, rentre vite.

Le chien alla s'asseoir au bord de la pelouse et regarda la voiture franchir le seuil.

— C'est votre chien? demanda la femme.

— Oui, c'est Parsifal.

— Pourquoi Parsifal?

— Mais, à cause de Wagner, bien sûr.

— Je comprends bien, mais pourquoi Parsifal plutôt que Tristan ou Siegfried par exemple?

L'homme arrrêta sa voiture, se tourna vers la

femme qu'il regarda un instant en silence puis, lentement, d'une voix à peine perceptible il murmura :

— Parce qu'il est pur... très pur.

Le chien était toujours assis au même endroit. Lorsque son maître descendit de voiture, il revint vers lui et ne quitta pas ses talons tout le temps qu'il mit à fermer le portail.

La femme avait aussi quitté la voiture. Elle regardait le parc. Une large pelouse montait jusqu'à la terrasse. L'herbe en était longue et jaunie par endroits. Du lierre envahissait tout un côté où deux cèdres énormes retenaient un large pan de nuit. La maison qui se trouvait derrière la terrasse était grise sous un toit brun et moussu. Il n'y avait que le rez-de-chaussée et un étage. La femme compta neuf fenêtres par étage. Seul le milieu de la pelouse était ensoleillé. Partout ailleurs c'était l'ombre épaisse des arbres. Il y avait des platanes, quelques tilleuls et surtout des hêtres.

L'homme revint, toujours suivi de Parsifal.

— Vous aimez aussi les arbres, dit la femme.

— J'aime surtout la nuit... LEUR nuit.

Il prit son bras et ils se mirent à monter lentement l'allée qui contournait la pelouse en direction des cèdres. L'homme continuait de parler à voix basse.

— J'aime la nuit des arbres. En hiver celle des cèdres. En été celle des hêtres surtout... C'est une ombre froide, très froide... Tenez, venez jusque-là.

Il l'entraîna par une petite allée qui s'enfonçait sous les branches basses. Sous les hêtres énormes d'autres arbres plus petits entremêlaient leurs feuillages, des lianes et du lierre grimpaient aux troncs, il régnait là une demi-obscurité, une humidité qui oppressaient.

— Il fait presque froid, murmura la femme.

— Il fait froid. L'ombre du hêtre donne une fraîcheur exceptionnelle... Mais il y a autre chose... Une chose indéfinissable qui se respire... qui se sent avec la peau.

Ils s'étaient arrêtés. Le chien les attendait à l'entrée de la petite allée. Le silence était presque parfait. Plus bas encore, l'homme ajouta :

— Vous ne pouvez pas comprendre, bien sûr.

Elle regardait devant elle. Dans la pénombre, une tache plus claire indiquait un petit mur. Elle voulut continuer, mais l'homme la retint.

— Venez, dit-il.

Avant de le suivre, elle demanda :

— Qu'est-ce qu'il y a, là-bas, encore une maison?

— Non, seulement un vieux puits... Allons, venez.

Ils regagnèrent la grande allée où le chien les attendait en balayant le sol de sa queue.

— Il est amusant, remarqua la femme, on dirait qu'il n'a pas le droit de quitter cette allée.

L'homme serra son bras un peu plus fort, mais ne répondit pas. Comme elle avançait sa main, le chien se déroba d'un bond sur le côté et retourna derrière son maître.

— N'essayez pas de le caresser, dit l'homme. Personne d'autre que moi ne peut le toucher. Et personne jamais n'entrera ici sans moi tant que Parsifal sera en vie.

Toujours sous le couvert des arbres, ils montèrent jusqu'à la terrasse. Partout l'herbe, et même de petits arbustes avaient poussé dans les massifs et jusqu'au pied de la façade.

— C'est merveilleux, dit-elle. C'est un vrai château de rêve... Cette liberté de la nature qui a tous les droits, c'est très romantique.

— Très romantique, répéta-t-il plusieurs fois lentement, en détachant bien chaque syllabe. Très, très romantique.

L'homme ouvrit une épaisse porte cloutée et ils entrèrent dans le vestibule. Il faisait là plus froid encore que dans le parc. Les murs étaient nus et sombres. Le sol carrelé de noir et de blanc luisait à peine.

— Il fait froid, dit-elle.

— Bien sûr... La nuit des hêtres vient jusqu'ici. C'est même ici qu'elle rejoint l'autre nuit, celle des pierres et de la terre.

Parsifal s'était assis sur la terrasse, à quelques pas du seuil.

— Il n'entre pas? demanda-t-elle.

— Jamais... Jamais... Vous n'y pensez pas.

Il avait dit cela d'une voix qui tremblait un peu. Il ferma la porte et la femme remarqua qu'il poussait le verrou de sécurité.

— Venez, dit-il.

Le salon était une grande pièce dont les trois fenêtres donnaient sur la terrasse. Là aussi il faisait froid, mais les tapis sur le plancher, les rideaux épais aux fenêtres et aux portes, les meubles, les tableaux, tout donnait un peu de vie, une tiédeur qui contrastait avec la nudité du vestibule.

L'homme s'approcha de la cheminée où le foyer était préparé.

— Voulez-vous que nous allumions un peu de feu? demanda-t-il.

— Oh oui! fit-elle. J'adore le feu de cheminée. Et en ville, c'est impossible.

Il tordit en torche une page de journal, l'enflamma et la glissa sous les brindilles. La

135

flamme hésita un instant, un peu de fumée grise rampa en direction de la pièce puis, après quelques soubresauts, le feu gagna les brindilles qui se mirent à pétiller.

La femme s'était approchée et tendait ses mains ouvertes vers la grande flamme claire qui éclairait déjà une partie de la pièce.

— Ce feu, dit-elle, c'est merveilleux.

— Oui, dit l'homme. Merveilleux... merveilleux cette chose vivante et chaude... qui peut mourir et renaître. Le feu, pour l'homme, c'est la fin de la solitude.

Elle le regarda. Il fixait le foyer, le visage tendu, presque dur.

— Les bêtes aussi sont la fin de la solitude, fit-elle.

Il laissa s'écouler quelques instants avant de répondre :

— Oui, mais les bêtes meurent et ne renaissent pas... Parsifal ne pénètre jamais dans la maison...

Il s'arrêta soudain, soupira et continua de fixer la flamme. Il avait laissé sa phrase inachevée et la femme attendit un moment avant de parler :

— Je ne vous ai pas tout dit de moi dans mes lettres, il y a une chose que je vous ai cachée.

Il eut un sursaut et se tourna vers elle. Son visage était plus dur encore. Ses yeux semblaient dire à la fois la peur et la colère.

— Oh! ne vous effrayez pas, dit-elle très vite, ce n'est pas grave. Simplement... moi aussi, j'ai un chien.

L'homme parut soulagé, mais, pourtant, son visage demeura tendu. Ses lèvres minces tremblèrent un instant, puis il finit par demander :

— Pourquoi ne me l'avez-vous pas dit?

Elle eut un soupir prolongé qui souleva sa poitrine.

— Une fois déjà j'ai répondu à une annonce, il y a longtemps. Il y a eu deux lettres, j'espérais, et puis, quand j'ai dit que j'avais un chien, tout a été fini. C'était lui ou le chien... Je n'ai pas voulu me séparer de mon chien.

— Mais avec moi, c'est différent. Je... Je... Il fallait l'amener. Ce chien est seul chez vous... On ne peut pas laisser une bête toute seule comme ça.

— Oh! pour quelques heures, il ne faut pas s'affoler. Il a l'habitude d'être seul chaque fois que je sors.

Elle expliqua encore qu'il s'agissait d'un teckel très caressant, propre, bien dressé, et l'homme parut rassuré. Il mit sur le feu deux grosses bûches de chêne, remua un peu les braises pour faire renaître les flammes, puis s'éloigna de quelques pas.

Le jour déclinait. Les fenêtres reflétaient à présent la lueur du foyer et les arbres du parc semblaient s'approcher peu à peu de la maison. Le pétillement du feu était le seul bruit.

— Avez-vous peur de la nuit? demanda l'homme.

Elle fit non de la tête. Cependant, quelque chose se serrait en elle. Il s'éloigna lentement et alla fermer les rideaux des trois fenêtres. Puis, au retour, il prit un bougeoir dont il alluma les trois bougies à l'aide d'une brindille enflammée au foyer.

— Restez ici, dit-il.

Il s'éloigna de nouveau et marcha sans bruit jusqu'au fond de la pièce. Il posa son bougeoir sur le piano et prit place devant le clavier. Le couvercle grinça un peu lorsqu'il le souleva, et ce fut à nouveau le silence. La femme était toujours assise dans un fauteuil à côté de la cheminée. Sur le côté droit de son corps et de son visage elle sentait la bonne brûlure des flammes. De sa place, elle ne voyait que le front de l'homme par-dessus le piano. Les bougies tremblotaient de temps à autre et des ombres dansaient sur les murs.

— Comme un film, murmura-t-elle. Comme un film de conte de fées.

L'homme se mit à jouer. Dans une lettre, il lui avait parlé des Nocturnes de Chopin. Elle avait acheté le disque enregistré par Arthur Rubinstein. Dès les premières mesures elle reconnut le troisième. L'homme avait un jeu différent de celui du Maître, mais il jouait parfaitement. Avec plus de douceur peut-être, s'attardant sur les arabesques les plus mélancoliques, s'appliquant à rendre plus sourd, plus lointain le grondement des basses dont le mystère se trouvait accentué. Elle retenait sa respiration. Son regard ne quittait plus le front de l'homme. Chaque fois qu'un accord vibrait plus fort, elle sentait un frisson courir sur son bras et le long de son dos.

Après le troisième Nocturne, l'homme se leva, vint vers elle à pas très lents, s'immobilisa près du feu et demanda :

— Alors?

— C'est merveilleux, dit-elle. Merveilleux.

L'homme remua les tisons, remit une bûche dans l'âtre et demanda :

— Voulez-vous boire quelque chose?

— Oh! vous savez, je n'ai pas très soif.

— Vous boirez un peu tout de même.

Il disparut sans bruit. Son absence parut très longue à la femme qui sentait l'ombre de la pièce. Elle n'avait pas peur et, malgré tout, elle n'osait se lever. Blottie au creux du fauteuil, elle tentait de distinguer les meubles et les objets qui se trouvaient dans les angles noyés de nuit, puis, n'y parvenant pas, elle ramenait ses regards vers la flamme. Les yeux mi-clos, elle ne voyait qu'une grande lueur rouge qui tremblait.

L'homme apporta deux verres, l'un rouge, l'autre bleu. Il tendit le rouge à la femme, et leva le sien à hauteur de son visage. Il ne dit rien et but une longue gorgée. Elle but également.

— Alors? demanda-t-il.

— Très bon, dit-elle. Un secret à vous, je pense?

Il hocha la tête en signe d'assentiment, posa son verre sur un guéridon et retourna au piano.

Il joua l'un après l'autre sans interruption le premier et le huitième Nocturne.

La femme se laissa d'abord aller au bercement de la mélodie souple, frissonnant à peine aux mouvements les plus noyés d'ombre. Puis, peu à peu, il lui sembla que tout s'éloignait d'elle. Elle eut un instant envie de se lever, mais il lui parut que le sol s'enfonçait sous ses pieds. La musique plus lointaine parvenait cependant jusqu'à elle, mais elle devenait fluide, elle semblait traverser ce rideau de brume qui coulait des murs pour monter et s'épaissir peu à peu, auréolant la flamme des bougies.

L'homme avait presque achevé le huitième Nocturne lorsque la main de la femme se desserra, laissant tomber sur le bord de l'âtre le verre qui se brisa. Elle ébaucha un mouvement comme pour se lever, mais elle retomba contre le dossier, la tête légèrement inclinée du côté du foyer. L'homme avait seulement jeté vers elle un regard rapide, mais la musique ne s'était pas interrompue.

Elle souriait, les yeux mi-clos, la tête toute

139

pleine d'une brume que la lueur du feu teintait de rouge et d'or.

Dès qu'il eut achevé, l'homme revint près d'elle.

— Alors? demanda-t-il.

Un soupir souleva sa poitrine, elle sourit mais ne put répondre.

— Vous ne pouvez même pas me dire si vous êtes heureuse?

Elle murmura quelques syllabes qu'il ne put comprendre. Doucement il se pencha vers elle pour dire :

— Ce n'est rien... Il y a le génie... Le cinquième. La pureté, la ferveur, un autre monde, un autre univers.

Il se redressa et regagna encore une fois sa place.

La tête de la femme était à présent complètement couchée sur son épaule. Son regard ne fixait plus le feu, mais le tapis. La musique, de plus en plus lointaine, lui parvenait encore, et chaque envolée cristalline semblait faire éclater des gerbes d'étincelles qui s'éteignaient très vite, laissant après elles une lueur à peine perceptible. Le temps semblait ne plus couler, et la musique était un éternel recommencement. Elle s'arrêta pourtant, et le silence s'épaissit.

La femme remarqua à peine l'ombre de l'homme sur le tapis. Déjà il était penché vers elle et demandait :

— Alors?

Elle n'eut même pas un mouvement de la tête.

— Les mains, dit-il. Les mains de Chopin ont fait naître des merveilles... Il devait avoir des mains longues et blanches... Froides à force de contact avec l'ivoire glacé des claviers.

En parlant, il levait ses mains ouvertes, longues et fines. Il caressa les cheveux de la femme qui ne bougea pas. Sa main droite monta plusieurs fois au sommet de la tête pour redescendre lentement en fouillant les cheveux bruns et lisses. Puis, cherchant la nuque elle s'y posa. La main gauche se coula entre l'épaule de la femme et sa joue, soulevant à peine la tête. Pendant un long moment ils restèrent tous deux immobiles. L'homme penché en avant fixait d'un regard dur la chevelure de la femme où couraient les ombres et les reflets du feu. Puis, brusquement il ouvrit la bouche et lança :

— Les mains!

Sa voix était rauque.

Ses deux bras se tendirent dans un effort violent. Une main sur la nuque de la femme, l'autre sous le menton il serra de toute sa force.

Elle eut un hoquet. Sa tête se renversa en arrière et ses yeux grands ouverts parurent chercher quelque chose au fond de la nuit. Tout son corps s'était bandé comme un arc sur ses talons qui repoussaient le tapis. Elle demeura ainsi le temps de quatre ou cinq soubresauts. Enfin, elle se détendit soudain et retomba dans le fauteuil. L'étreinte de l'homme se desserra, la tête de la femme roula sur le dossier, son buste fléchit en avant et sa taille se cassa d'un coup. Elle se trouva ainsi, les deux bras pendants, les mains au sol, le visage sur les genoux.

L'homme respirait précipitamment. Sur son front, la sueur ruisselait, s'accrochant à ses sourcils minces. Ses mains tremblaient. Il s'assit sur le bras d'un fauteuil le temps de boire ce qui restait dans son verre. Il jeta ensuite une poignée de brindilles sur le foyer et, presque aussitôt, de grandes flammes montèrent, éclairant tout le centre de la pièce. L'homme prit alors le sac à main que la femme avait posé à côté de son siège, et le vida sur le tapis. Il sortit du portefeuille une liasse de billets qu'il posa sur le guéridon ainsi que quelques pièces de monnaie qui avaient roulé sur le sol. Il examina attentivement un poudrier de métal doré qu'il remit dans le sac. Il ramassa ensuite une enveloppe contenant des lettres qu'il compta avant de les jeter dans le feu. Il ne posa sur le guéridon qu'un trousseau de clefs et un stylo à plume or et remit dans le sac tout ce qui restait encore épars sur le tapis.

Toujours avec des gestes très lents, presque tendres, il souleva la main droite de la femme et retira les deux bagues qu'elle portait. Ensuite, il enleva les deux anneaux d'or qu'elle avait à l'annulaire gauche et posa le tout sur le guéridon. Elle avait aussi une montre-bracelet ainsi qu'une chaîne où pendaient un médaillon et une petite croix. Quand tout cela fut à côté des billets de banque, il retira au cadavre ses chaussures et sa veste de tailleur et les posa, avec le sac à main, dans le manteau qu'il avait étendu sur le sol. Il roula le manteau et noua les manches ensemble pour faire comme un gros baluchon qu'il emporta.

Quittant la pièce, il tira de sa poche une torche électrique qu'il alluma en atteignant le vestibule. Par un grand escalier de pierre, il gagna le premier étage et pénétra dans la pièce située au-dessus du salon. Sauf un lit et deux chaises, la chambre était vide. L'homme tira un rideau, prit une clef dans sa poche et ouvrit une porte qui se trouvait derrière le rideau. Il n'y avait dans ce placard qu'un seul rayon où étaient déjà alignés sept baluchons à peu près semblables à celui qu'il apportait. Après avoir refermé la porte et le rideau, il regagna le salon.

Le feu avait baissé et la lueur du foyer éclairait mal le corps de la femme toujours recroquevillé dans le fauteuil. La lumière des bougies était plus vive mais ne venait pas jusque-là.

Après avoir respiré profondément, l'homme souleva doucement le corps en l'empoignant par un bras, se baissa et le chargea en travers de ses épaules. Reprenant sa torche électrique, il sortit dans le parc.

Parsifal qui était couché à quelques pas de la porte vint gambader autour de lui.

— Parsifal, dit-il, tu es pur. Tu es pur.

Le chien le suivit jusqu'à l'entrée de la petite allée conduisant au vieux puits et s'assit pour l'attendre. L'homme, tenant toujours sa torche éclairée, s'enfonça seul dans la nuit épaisse des arbres. Les branches basses frôlaient le cadavre et, plusieurs fois, l'homme dut se baisser.

Il posa sa torche sur la margelle du puits dont il ouvrit la porte à l'aide d'une clef tirée de sa poche. Ensuite, se baissant, il fit basculer le corps à l'intérieur. Il y eut un frôlement puis, assourdi, le bruit mou d'une chute.

L'homme reprit sa lampe et contourna le puits. A quelques pas de là, il poussa la porte branlante d'une petite cabane de bois où se trouvaient quelques sacs de chaux, une pelle et un seau. Il emplit le seau et revint le vider dans le puits. Une fois qu'il eut tout remis en place et fermé les portes, il regagna la grande allée où Parsifal l'attendait.

— La mort, Parsifal. La pureté de la mort, dit l'homme.

Le chien gambadait de nouveau. Avant de le quitter pour entrer dans la maison, l'homme le caressa longuement, parlant encore de la mort et répétant à plusieurs reprises :

— L'ombre froide... La nuit des arbres... La

nuit de la mort, Parsifal, tu es seul à pouvoir comprendre...

Rentré dans le salon, l'homme remit quelques branches mortes sur le feu et remua les tisons. Quand les premières flammes montèrent, il regarda autour de lui. Rien ne traînait sur le sol. Il tira le tapis que les talons de la femme avaient plissé et il allait s'éloigner lorsqu'il remarqua une tache blanche dans l'ombre du fauteuil qu'elle avait occupé. Il se pencha, prit le carton et s'approcha du feu. C'était la photographie d'un chien assis sur un divan.

— Le petit teckel est seul, murmura l'homme en jetant la photographie dans le feu.

Le carton se recroquevilla et noircit lentement, avant d'être enveloppé d'une longue fumée claire.

L'homme mit dans la poche de sa veste tout ce qu'il avait posé sur le plateau et retourna s'asseoir au piano. Il y demeura immobile un instant puis, retenant son souffle, les yeux presque clos, il se mit à jouer le sixième Nocturne. De temps à autre ses lèvres tremblaient, son menton se plissait un peu et tout son visage se contractait. Chaque fois que sa main gauche s'immobilisait sur le troisième temps, il inclinait légèrement le buste en avant, comme attiré par la lumière des bougies. Puis il s'écartait, les traits tendus, le front plissé.

Peu avant la fin du morceau, des larmes roulèrent sur ses joues; l'une d'elles tomba sur sa main comme une goutte de lumière. Quand il eut terminé, il demeura un long moment immobile, les paupières baissées, les mains posées sur ses genoux.

Enfin il se leva, prit le chandelier et gagna la chambre du premier étage.

144

L'homme s'endormit assez vite, mais il se réveilla au milieu de la nuit. Il resta quelques instants immobile dans son lit, puis il s'assit et alluma une des bougies du chandelier. Il était à peine une heure du matin. L'homme fit des yeux le tour de la pièce. La lueur de la bougie dansait sur les murs.

— Le petit teckel est seul, dit l'homme.

Il revit la photographie tordue par la chaleur et rongée par la grande flamme souple.

— Demain, il sera seul, dit-il encore.

Il essaya vainement de se rendormir. Chaque fois que le sommeil commençait à monter en lui, la photographie se tordait dans l'âtre et cette vision le réveillait. Il lutta plusieurs heures et finit par se lever bien avant l'aube.

Dans la cuisine, il but une tasse de Nescafé qu'il trouva fade. Il gagna ensuite le salon où quelques braises fumaient encore dans le foyer. Il y jeta des brindilles et ranima le feu où il posa bientôt trois grosses bûches. Assis dans le fauteuil où la femme était morte, il attendit l'aube en regardant le feu. De temps à autre, presque sans remuer les lèvres, il murmurait :

— Le petit teckel est seul.

A 7 heures il sortit. Couché devant la porte, Parsifal se leva et lui fit fête. L'homme le caressa longuement en lui parlant à voix basse.

Le soleil était déjà haut, mais l'ombre des arbres venait jusqu'au seuil. Sur les côtés, la pelouse était toute luisante de rosée.

L'homme ouvrit le portail, caressa encore Parsifal, sortit sa voiture, referma soigneusement et plaça la clef à l'intérieur, tandis que le chien lui léchait la main.

A l'entrée de la ville, il prit une petite rue et arrêta sa voiture devant une boutique tenue par un vieux brocanteur. Dès qu'il lui eut serré la main, le vieux le fit entrer dans un réduit attenant au magasin. L'homme donna les bagues de la femme. Le brocanteur les examina longuement en les approchant de l'ampoule électrique. Puis les ayant pesées sur une toute petite balance il réfléchit quelques instants avant de dire :

— Soixante-quinze.

L'homme fit la grimace en grognant.

— Vous me volez, comme toujours.

Le vieux hocha la tête en répétant avec un sourire à peine ébauché.

— Soixante-quinze, pas un sou de mieux.

— C'est bon, dit l'homme. Mais je n'aime pas à être volé.

Le rictus du vieux s'accentua tandis qu'il disait :

— Les autres non plus n'aiment pas à être volés; et pourtant ils sont volés.

Il tira de sa poche un gros portefeuille noir, compta les billets que l'homme reçut en disant :

— Et attention, hein, rien de revendu tel quel.

Le vieux fit une grimace en lançant :

— Vous me dites chaque fois la même chose. Mais enfin quoi, je ne suis pas un gamin. J'étais au travail avant que vous ne soyez au monde.

L'homme salua et regagna sa voiture.

Il passa ensuite à l'agence d'un journal où il donna l'annonce suivante : « Monsieur, 40 ans, bonne situation, rencontrerait veuve ou jeune fille, bonne situation ou petits revenus, en vue mariage. Ecrire Tristan au journal. »

Après avoir acheté de la viande pour son chien et pour lui, du pain et deux litres de vin, l'homme remonta dans sa voiture et fit demi-tour.

Il allait atteindre la sortie de la ville lorsqu'il s'arrêta soudain pour réfléchir. Le visage tendu, le regard rivé à la route, il demeura un moment immobile. Puis, remettant son moteur en marche, il revint vers le centre de la cité.

Par deux fois il passa devant la maison de la femme en regardant les fenêtres du deuxième étage. Les rideaux étaient tirés, rien ne vivait. L'homme répéta encore à plusieurs reprises :

— Le petit teckel est seul.

De retour chez lui, l'homme prit dans sa boîte aux lettres, fixée à côté du portail, un journal et un prospectus. Une fois au salon, il jeta le prospectus dans la cheminée ainsi que la bande du journal qu'il parcourut rapidement. Ensuite, il ouvrit une fenêtre et se mit au piano. Parsifal était venu s'asseoir sur la terrasse, sous la fenêtre ouverte. L'homme joua longtemps.

A la fin de la matinée, il s'arrêta pour manger des sardines, du pain et des pommes.

Aussitôt son repas achevé, il sortit donner de la viande à Parsifal qui le suivit ensuite dans le parc. Comme toujours, le chien s'assit à l'entrée de la petite allée menant au puits tandis que l'homme continuait jusqu'au cabanon. Après avoir ouvert la porte, l'homme quitta sa veste qu'il suspendit à une branche basse, sortit du cabanon une brouette dans laquelle se trouvaient une pelle et la moitié d'un sac de ciment. Il l'amena jusqu'au puits, il prit ensuite un arrosoir qu'il alla emplir d'eau au robinet du parc, prépara le sable et le ciment, puis se mit à gâcher son mortier, à même le sol, devant le puits. Dès que le mortier fut bien mélangé et mouillé, il ouvrit la porte du puits et commença de pelleter. Le mortier tombait au fond du puits avec un bruit mat et sourd, assez lointain. L'homme s'arrêta plusieurs fois pour essuyer avec son mouchoir la sueur qui coulait sur son visage.

Lorsqu'il eut achevé sa besogne, rangé ses outils et refermé le cabanon et le puits, il revint vers la maison. Caressant Parsifal qui l'attendait toujours au débouché de l'allée, il lui dit :

— Tu es pur, Parsifal. Tu es pur, toi.

Le chien se mit à gambader autour de lui, ramassa un morceau de branche morte et vint le poser devant l'homme qui le prit en disant :

— Tu veux jouer, Parsifal. Tu veux jouer parce que tu es pur comme un enfant.

Il lança la branche que Parsifal rapporta en grognant de plaisir.

— Tu veux jouer, reprit l'homme, et pourtant le petit teckel est seul. Le petit teckel est triste, Parsifal. Tu ne sais pas que le petit teckel est seul?

L'homme allait lancer de nouveau la branche, mais son geste s'arrêta. Son bras retomba et le chien, prêt à bondir, se raidit sur ses pattes.

— Parsifal... est-ce qu'on a le droit de laisser une bête crever de faim et d'ennui?

Le chien était immobile, les jarrets fléchis, la queue au ras du sol et le poil frémissant.

— Est-ce que tu accepterais un compagnon, Parsifal? Est-ce qu'un compagnon...

L'homme laissa retomber la branche que le chien ramassa pour la mordre en grognant. Plusieurs fois il la posa aux pieds de son maître pour la reprendre ensuite, mais l'homme ne le voyait pas. Sans quitter des yeux les arbres les plus sombres, il reprit lentement le chemin de sa maison.

Il entra et sortit plusieurs fois, marcha dans le

parc, toujours précédé ou suivi de Parsifal. Il s'arrêtait souvent, hochait la tête, levait les bras d'un geste las et marmonnait des bribes de phrases incompréhensibles.

Enfin, quand le jour déclina, l'homme reprit sa voiture et retourna jusqu'à la ville. Il passa lentement devant l'immeuble de la femme, continua, fit demi-tour et vint s'arrêter devant la porte. Il resta quelques minutes immobile, les mains sur son volant avant de descendre. Une fois sur le trottoir, il hésita encore et finit par s'engager dans le couloir.

A présent, il faisait nuit, et l'homme dut chercher l'interrupteur de la minuterie. Il monta les deux étages et, à l'aide des clefs trouvées dans le sac de la femme, il ouvrit la porte. Au premier bruit de clefs le teckel s'était mis à aboyer. Dès que l'homme entra, il s'éloigna en grognant.

L'homme tâtonna pour trouver l'interrupteur, donna de la lumière et referma la porte. Le petit chien roux, campé sur ses pattes torses, continuait de montrer les dents en grognant de plus en plus fort. L'homme avança tout doucement en disant :

— Mon petit... Mon petit teckel, viens mon mignon... comme tu es beau... comme tu es joli...

Le chien l'examinait en inclinant la tête tantôt à droite tantôt à gauche. Ses grognements s'arrêtèrent pour reprendre dès que l'homme essaya d'avancer.

— Allons, reprit l'homme, allons, sois sage, petit teckel, sois sage... Viens, viens vers moi.

L'homme s'était accroupi à quelques pas du chien qui grognait toujours. Pendant un long moment ils demeurèrent face à face presque immobiles. Dès que l'homme se taisait, le chien cessait de grogner. Mais au moindre mot, au moindre geste, il recommençait, hérissant le poil de son échine.

Cela dura longtemps, très longtemps, et pourtant, l'homme ne montrait aucune impatience. Sa voix était douce, sans aucun heurt, ses gestes lents, à peine perceptibles.

Peu à peu, les grognements du chien se firent moins hargneux, l'homme avança la main, lentement, lentement, comme une branche qui pousse. Comme le teckel reculait en élevant la voix, l'homme arrêta la main qu'il laissa immobile à mi-chemin entre le chien et lui. Il recommença de parler :

— Tu es mon ami... Tu ne veux pas être mon ami? Mais si, tu seras mon ami... Tu verras, Parsifal est un bon chien... Bon chien... très bon chien.

Dès qu'un mot semblait attirer l'attention du chien, l'homme le répétait, changeant de ton, cherchant des intonations nouvelles. Le chien finit par s'asseoir. L'homme ne bougea toujours pas. Il sentait la fatigue dans ses jambes engourdies, sa main tremblait, mais il continuait de parler avec la même douceur.

Cela dura encore très longtemps, et puis, le chien finit par remuer la queue. A peine d'abord, pour s'arrêter presque aussitôt, puis plus fort.

L'homme eut un hochement de tête à peine perceptible en disant :

— Tu vois bien que nous serons amis... Je savais bien que tu étais un bon chien... Un bon chien comme Parsifal... Pur, un chien très pur.

Après un travail qui dura plusieurs heures, l'homme eut raison du chien qui finit par se coucher, par se laisser caresser et par croquer le sucre que l'homme lui avait apporté.

Quand l'homme eut réussi à prendre le teckel dans ses bras il quitta sans bruit l'appartement, refermant soigneusement la porte mais laissant allumée la lampe du vestibule. Il atteignait le rez-de-chaussée lorsque la concierge sortit de sa loge. C'était une vieille femme maigre et voûtée au chignon gris. Elle le dévisagea et regarda surtout le chien. Il lui sembla qu'elle allait parler et il se hâta de sortir. Comme il ouvrait la portière de sa voiture, il la vit arriver sur le seuil. Elle le regardait toujours et, dès qu'il eut démarré, elle s'avança jusqu'au bord du trottoir. Il la vit dans son rétroviseur jusqu'au moment où il tourna à gauche pour s'engager dans une rue transversale.

Le chien était assis sur le siège à côté de l'homme qui demanda :

— Est-ce que cette bonne femme te connaissait, petit teckel?

Le chien se haussait pour regarder par la portière.

Plus l'homme s'éloignait de la ville, plus il se sentait oppressé. A présent, la sueur ruisselait sur son visage et la silhouette maigre et noire de la concierge était constamment devant lui.

— Non, répétait-il. C'est une concierge... C'est une imbécile... Et puis, si... Et puis j'ai laissé la lumière... Et ce teckel...

Il lançait un regard au chien et, aussitôt, il se sentait moins oppressé. Ralentissant un peu, il lâchait son volant d'une main pour caresser l'animal qui semblait inquiet.

Dès que la voiture fut dans le parc, Parsifal vint flairer la portière. Debout sur le siège, ses petites pattes de devant appuyées contre la portière, le teckel ressemblait à un petit monsieur accoudé à sa fenêtre, le nez au carreau. Ses oreilles remuaient sans cesse et un grognement mal contenu faisait trembler ses babines. Lorsqu'il eut bien flairé, Parsifal se mit à aboyer. Comme il se dressait contre la voiture, l'homme qui venait de fermer le portail intervint.

— Allons, Parsifal, du calme. Tu es un bon chien, mais le petit teckel aussi est un bon chien. Il faudra faire connaissance... Pas cette nuit, bien sûr. Mais demain... Demain matin, Parsifal. L'aube... L'aube est toujours plus pure.

L'homme monta directement dans sa chambre avec le teckel qu'il posa sur le lit. Le petit chien tremblait un peu et pleura plusieurs fois avant d'aller flairer chaque recoin de la pièce. Puis, lorsqu'il eut tout exploré, il revint sur le lit, s'assit et se mit à suivre des yeux chaque geste, chaque déplacement de l'homme.

— Tu es un très bon chien, disait l'homme. Un très bon chien. Je sens que nous allons être de grands amis... De très grands amis.

Cette nuit-là, l'homme dormit peu. D'abord à cause du chien qui sautait souvent du lit, remontait, se grattait, et puis à cause de cette vieille concierge qu'il revoyait sans arrêt, penchée au bord du trottoir, en train de regarder s'éloigner sa voiture.

— C'est une folie, murmura-t-il, une folie.

La sueur revenait sur tout son corps puis, peu à peu, il se sentait glacé malgré l'épaisseur des couvertures.

Et durant deux journées il ne quitta guère sa chambre. Il sortait seulement à la tombée de la nuit, portant dans ses bras le petit chien que Parsifal ne se décidait pas à admettre. D'ailleurs, dès qu'ils atteignaient le parc, le teckel aussi se mettait à gronder, montrant ses dents fines et blanches au coin de sa gueule noire frémissante. L'homme s'asseyait sur le rebord extérieur d'une fenêtre, gardait le petit chien serré contre sa poitrine et tentait de calmer Parsifal.

Pendant tout le temps que duraient ses promenades, il oubliait sa peur; mais aussitôt rentré dans sa chambre, il la retrouvait intacte.

La troisième nuit, l'homme ne put dormir. A plusieurs reprises le teckel grogna, et puis, la silhouette de cette vieille femme ne quittait plus l'obscurité de la chambre.

Dès le premier soleil, l'homme se leva. Il avait froid, ses mains étaient moites et ses jambes le portaient à peine. Le souffle court, comme s'il eût livré un combat pénible, il quitta sa chambre où il enferma le teckel. Dans le parc, Parsifal lui fit fête, mais il le regarda à peine. Avec des gestes saccadés, il ouvrit le petit portillon et observa la route. Il y avait un peu de vent et des taches de soleil couraient sur la terre sèche, dans l'ombre bleue des arbres. L'homme demeura longtemps immobile, tandis que Parsifal se dressait pour lui lécher les mains. Laissant retomber le portillon, l'homme vint jusqu'à sa voiture, s'immobilisa et resta un moment le souffle court et les mains tremblantes. Puis, d'un coup il se détourna et courut jusqu'à la maison. Laissant Parsifal seul dans le parc il monta dans sa chambre, empoigna doucement le teckel et le descendit dans le salon. Les volets étaient clos et les rideaux tirés. L'homme posa le teckel dans le fauteuil devant la cheminée et alluma les bougies qu'il porta sur le piano. Le chien, comme apeuré, resta blotti dans le fauteuil, le regard vers les trois petites flammes.

Assis devant le clavier, l'homme demeura sans

gestes quelques minutes, les mains à plat sur ses cuisses, le buste raide et la tête légèrement inclinée en avant.

Le silence était parfait. Le bruit du vent dans les arbres du parc ne venait pas jusque-là; il y avait seulement, de loin en loin, un léger frôlement dans la cheminée. Mais seul le petit teckel percevait ce bruit qui, chaque fois, le faisait sursauter.

Il sursauta aussi lorsque l'homme se mit à jouer le sixième Nocturne.

Fébriles, mal assurées d'abord, les mains de l'homme se libérèrent rapidement. Elles furent bientôt comme deux bêtes souples, indépendantes et qui couraient sur les touches blanches et noires dans la lumière incertaine des bougies. L'homme avait fermé les yeux et rejeté la tête en arrière. Dès après le sixième Nocturne, il commença le onzième. Le piano avait comme des sonorités d'orgue, des silences bourdonnants de sons mêlés à peine audibles.

L'homme joua deux fois ce onzième Nocturne, et, vers la fin de la deuxième fois, il s'arrêta soudain. La cloche du portail venait de tinter. Figé, les paupières closes, tout le visage strié de rides et luisant de sueur, il attendit. La cloche sonna, sonna encore. Parsifal devait être vers le portail mais, face aux hommes, Parsifal n'aboyait jamais. Il y eut l'ébauche d'un sourire crispé sur les lèvres du pianiste. Le silence encore. Un cri assourdi par l'épaisseur des volets et des rideaux, deux coups de feu puis des voix lointaines.

Le teckel bondit et vint se coller contre les jambes de l'homme. L'homme le sentait trembler. Tout son petit corps était remué par un long grognement qui semblait rester en lui. Brusquement, les mains de l'homme se remirent à courir sur le piano. C'était comme une musique folle où les notes graves combattaient les aiguës, où les accords mordaient sur d'autres accords. C'était une folie de sons qui arrachait parfois au petit chien une plainte brève, presque un gémissement.

Sur le visage de l'homme, la sueur coulait comme l'eau d'une averse. Son souffle couchait les flammes des bougies, ses mains à présent semblaient folles.

Quand la porte s'ouvrit, les mains de l'homme quittèrent le clavier pour tomber le long du tabouret. Un son grave mourut lentement tandis que les deux inspecteurs entraient suivis bientôt de policiers en uniformes.

Le teckel aboya rageusement.

L'homme eut un long soupir, se baissa vers le teckel qu'il prit dans ses bras pour le calmer.

— Tais-toi, disait-il. Tais-toi. Tu es un bon petit chien.

L'un des inspecteurs regarda le chien, hocha la tête et dit simplement :

— Vous n'auriez pas dû aller le chercher. C'est ce qui vous a perdu.

L'homme haussa les épaules en murmurant :

— On ne laisse pas une bête toute seule comme ça; c'est inhumain.

Il y eut encore un long moment de silence puis, relevant soudain la tête, l'homme fixa l'inspecteur en lançant :

— Vous avez tué Parsifal!

— ...

— Parsifal était pur... très pur.

Il se remit à caresser le teckel qui lui léchait le visage. Comme l'inspecteur le priait de le suivre, l'homme dit encore :

— Il faudra que quelqu'un s'occupe du petit

teckel... Une personne qui aime beaucoup les chiens. Beaucoup, beaucoup.

Sans lâcher le petit chien, il suivit les policiers dans le jardin où Parsifal n'était plus assis sur la terrasse. L'homme regarda la pelouse, puis les allées sous les arbres. Tout en bas, à quelques pas du portail, le grand chien noir semblait dormir, allongé sur le flanc droit.

L'homme serra le petit teckel contre sa poitrine et se raidit pour continuer de marcher. Il ferma un instant les paupières et deux larmes coulèrent sur ses joues pâles.

Lyon, 17 avril 1962.

LE FOUET

A Michel BORWICZ.

Le cirque des frères Zepino arriva sur la place vers le milieu de la matinée. Paul Nanerwicz avait vu les voitures déboucher à l'angle de la Grande-Rue et de la route de Roanne, puis s'arrêter en face du bureau de tabac. Il s'avança pour regarder. C'était un samedi matin; et il y eut bientôt plusieurs groupes de curieux répartis tout autour de la place. Paul reconnut quelques ouvriers de la briqueterie et, tout près de lui, le vieux Perez qui portait un sac à provisions d'où émergeait des queues de poireaux. Le vieux Perez travaillait à la cuisson, dans le même atelier que Paul, mais il était là depuis près de trente ans, et son corps avait fini par prendre la couleur de la terre. Il était sec aussi, et même ses yeux injectés de sang avaient perdu toute trace d'humidité. Lorsqu'il battait des paupières, on s'attendait toujours à entendre comme un crissement de sable. Paul s'approcha sans bruit et fit balancer le sac au bout du bras de Perez. Le vieil homme se retourna et sourit.

— Salut, Polak.

157

Venant de Perez, le terme n'avait rien de blessant. Paul le savait. Il sourit à son tour.

— Alors, reprit le vieux, tu vas venir au cirque, ce soir?

Paul eut un haussement d'épaules.

— C'est pas un cirque. C'est des romanichels.

— C'est un cirque, mais tout petit. Voilà.

— Oui, seulement, c'est plutôt minable.

— Avant guerre, il en passait souvent. Des fois, ils avaient de bons numéros. A présent, évidemment, ça doit être plus pénible pour eux. La télévision, le cinéma, ça ne doit pas arranger leurs affaires.

Des trois roulottes d'aspect assez pauvre, quatre hommes et deux femmes étaient descendus. Il y avait aussi trois ou quatre enfants, garçons et filles, qui se chamaillaient derrière le plus gros des camions.

Parmi les badauds, on entendait surtout des réflexions sur l'âge des véhicules et l'embonpoint des deux femmes.

— Si elles font du trapèze, ça va payer!

— Ou de la corde raide...

— Je veux pas être dessous.

Il y avait quelques gros rires.

— Au fond, remarqua le vieux Perez, c'est des mecs comme nous. Faut qu'y bossent rudement pour gagner trois sous.

Paul Nanerwicz ne répondit pas. Depuis un moment, son regard s'était attaché à l'un des hommes du cirque. Il essayait de le voir mieux. Mais l'homme s'était mis à empiler à terre des planches qu'un de ses compagnons faisait glisser du camion. Il était difficile de fixer longtemps son visage. C'était un homme assez grand, large d'épaules et sans doute robuste. Il devait avoir entre quarante et cinquante ans. Il portait un pantalon de toile bleue, une chemise écossaise où le noir dominait, et un curieux petit bonnet de laine beige posé en arrière d'un grand front dégagé. Paul ne pouvait entendre ce qu'il disait, à cause du bruit des planches et des conversations des badauds, mais l'homme devait plaisanter avec son camarade, car tous deux riaient assez souvent.

— Celui qui empile les planches, observa Paul, je suis sûr que je le connais.

— Possible que tu l'aies vu dans un autre cirque.

— Je ne crois pas.

— Des fois, on se figure. Et puis, c'est une ressemblance.

— Non, je suis certain.

— Alors, va lui parler.

Le Polonais hésita, regarda le vieil Espagnol, puis encore l'homme du cirque, avant de dire :

— Non... C'est pas la peine.

En lui, un curieux combat se livrait entre l'envie d'aller saluer l'homme du cirque et un désir ridicule de quitter cette place, de regagner sa chambre et de s'y enfermer.

— Allons, dit Perez, viens boire un coup, on a déjà vu installer des bancs. On sait ce que c'est.

Paul suivit le vieux jusqu'au café de la rue Fumet où ils restèrent un moment, assis devant une chopine de vin blanc. Le vieux parlait. Il raconta plusieurs histoires de cirque qui dataient d'avant 1939.

— Toi, dit-il, tu ne peux pas te souvenir de cette époque aussi bien que moi, tu étais trop jeune, et puis, dans ton pays, il n'y avait sûrement pas de cirque.

Paul n'avait pas à répondre. Le vieux allait son

train, aussi régulier dans son récit qu'il l'était devant son four, à manipuler des briques et des moules. Paul l'écoutait sans prêter attention à ce qu'il disait. Il était tout occupé du visage de cet homme, de cette silhouette, de cette façon de marcher. Plus il y pensait, plus il avait le sentiment de connaître cet homme. De l'avoir fréquenté durant longtemps, et de très près. Et il lui semblait même que ce n'était pas très ancien. Il essayait de rassembler, lui aussi, tous ses souvenirs de cirque, mais il les gardait pour lui, laissant le vieil Espagnol égrener les siens.

Avant midi, Paul rentra chez lui et prépara son repas. Il était en train de manger, lorsqu'il entendit un piston et un tambour, tout au bout de la rue. Il alla jusqu'à la fenêtre. C'était la plus petite camionnette du cirque Zepino qui roulait lentement, conduite par l'une des grosses femmes qu'il avait vues sur la place. Derrière, sur le plateau, deux hommes formaient l'orchestre, un garçon coiffé d'un grand gibus noir et vêtu d'une redingote fripée faisait le pitre, tandis qu'un autre homme, embouchant son porte-voix dès que les musiciens se taisaient, annonçait le spectacle :

— Ce soir, à 20 heures précises sur la place...

Il parlait du cirque international Zepino, de sa ménagerie, de ses rois de la voltige, de son roi des jongleurs, de Zoro, roi du fouet...

L'homme que Paul pensait connaître battait du tambour. Il était toujours vêtu et coiffé de la même manière et, de cette fenêtre située au deuxième étage, il était impossible de distinguer ses traits. Il avait en effet le visage incliné vers sa caisse et semblait très absorbé par sa tâche. Paul eut envie un instant de dévaler l'escalier, de rattraper la camionnette qui avançait au pas... Pourtant, il demeura cloué à sa fenêtre. Il éprouvait la même impression que le matin, sur la place. Il ressentait cette même crispation intérieure, ce même serrement de gorge, et de poitrine.

Il regagna sa chaise et se hâta d'achever son repas. Dès qu'il eut lavé son couvert et balayé sa cuisine, il gagna le café des Platanes où il venait chaque samedi jouer aux boules. Il n'y avait encore personne, et Paul s'assit à l'ombre, sous une tonnelle. La silhouette du tambour ne l'avait pas quitté. Elle ne devait pas le lâcher de tout l'après-midi. Jamais il n'avait aussi mal joué aux boules et ses coéquipiers étaient furieux. A cause de lui, ils perdirent trois tournées et le casse-croûte du soir. Une fois qu'ils eurent mangé, leurs adversaires proposèrent une revanche, mais Paul se leva.

— Il faut que je rentre, dit-il.

Il y eut un grand rire et des plaisanteries. Paul sourit, essaya de répondre, mais dut y renoncer tant les autres faisaient de chahut.

Une fois seul sur la route, au lieu de se diriger vers la rue où il habitait, il gagna la place. Il ne savait pas s'il entrerait au cirque, il ne se posait même pas la question, mais une force contre quoi il ne pouvait lutter l'attirait vers cette place. Le cirque était éclairé par une dizaine d'ampoules qui se balançaient au bout de leur fil. Il n'y avait pas de bâche, mais seulement une toile tendue sur des piquets tout autour des bancs. Des gens entraient. Des gamins essayaient de se glisser sous la toile et l'une des femmes du cirque les surveillait. L'homme au porte-voix l'embouchait de temps à autre pour lancer sa tirade de rois.

Paul s'approcha de l'entrée et tenta de voir ce qui se préparait à l'intérieur. Il ne put apercevoir qu'un coin de piste où l'homme qu'il croyait connaître était occupé à tourner le tendeur d'un portique. Paul éprouva cette même sensation curieuse qui lui donnait à la fois envie d'entrer dans le cirque et de se sauver comme un voleur. Il regretta un instant de n'être pas resté au jeu de boules, mais cette pensée ne fit que traverser son esprit. Machinalement il fouilla dans sa poche et en sortit quelques pièces de monnaie qu'il examina un instant avant de les remettre où il les avait prises. Il se balança encore un long moment d'un pied sur l'autre puis, comme s'il eût répondu à un voisin, il lança soudain :

— Oh! puis, après tout!

Il sortit de nouveau son argent et marcha vers l'entrée.

Dès qu'il fut installé au premier rang, il se mit à chercher des yeux l'homme qu'il croyait connaître, mais l'homme avait disparu, et le spectacle commença sans qu'il se fût manifesté.

Paul Nanerwicz ne vit pas grand-chose des numéros qui se succédaient sur la piste. Il cherchait toujours l'homme à la chemise écossaise et au petit calot de laine claire. Enfin, au moment où une fillette quittait la piste sur une bicyclette à une seule roue, l'homme au porte-voix annonça :

— Et maintenant, place à Zoro. Le roi du fouet, le grand maître du lasso.

A la silhouette, Paul reconnut tout de suite celui qu'il attendait. Vêtu de noir et coiffé d'un chapeau à large bord, l'homme portait à présent un foulard cachant tout le bas de son visage. Entre le noir du chapeau et le noir du foulard, seul était visible l'éclair du regard. Zoro faisait tournoyer au-dessus de sa tête un lasso qui allait de droite à gauche, d'avant en arrière, montait, descendait autour de son corps pour finir par remonter très haut.

Lorsqu'il eut fait sauter une des fillettes dans le nœud tournoyant du lasso, il courut vers la porte, posa sa corde et prit un fouet qu'on lui tendait. C'était un fouet très long et qu'il se mit à faire claquer dans tous les sens. La mèche du fouet s'effilochait, laissant en l'air des flocons gris qui tombaient lentement dans la lumière. Ces claquements avaient fait sursauter Paul qui sentit un frisson courir tout le long de son dos. La jeune fille s'était placée en face de Zoro qui déchirait les journaux qu'elle tenait tendus entre ses mains, éteignait une bougie, faisait sauter une boîte d'allumettes qu'elle avait posée sur sa tête. L'homme était extrêmement adroit. Lorsqu'il eut coupé en deux une cigarette que la jeune fille tenait entre ses lèvres, son compagnon prit son porte-voix pour crier :

— Zoro le roi du fouet ne manque jamais son coup. S'il y a dans l'assistance une personne courageuse, elle peut venir prendre la place de la jeune fille. Elle ne court aucun risque!

Il y eut une longue houle sur toute l'assistance. Certains riaient, d'autres paraissaient effrayés à la seule pensée d'approcher cette lanière qui continuait à claquer. La voix poursuivait :

— Allons, une personne courageuse, non pas pour tenir une cigarette dans la bouche, mais cette feuille de journal pliée en huit, entre les doigts, loin du visage. Une plaisanterie, je vous assure!

Paul ne se contrôlait plus. Son corps agissait comme s'il eût obéi directement à la voix de cet individu inconnu. A cette voix, ou peut-être au regard de l'autre, cette simple lueur qui filtrait entre le foulard et le chapeau noirs.

— Ah! un monsieur courageux! Un bravo pour le monsieur courageux!

L'homme au porte-voix se lança dans une tirade élogieuse, tandis qu'une autre vague courait sur la foule. Paul crut reconnaître la voix du vieux Perez lançant :

— Bravo, Polak!

Mais il n'écoutait rien. Il avait pris entre ses doigts le papier plié que lui avait donné la fillette, il s'était planté à sa place et il attendait, le bras tendu sur le côté, parfaitement immobile. En lui, il y eut un instant de nuit presque totale au moment où la forme de Zoro s'immobilisa à quelques pas.

Silence.

Un silence incroyablement long, puis un premier claquement de fouet qui a dû passer très près du papier. Paul a senti l'air courir sur sa main droite, le bruit a déchiré son tympan. Et c'est là, à cause de ce bruit que tout s'éclaire d'un coup. Son regard se rive à celui de l'homme qui est en face de lui et, sans qu'il le veuille, un nom sort de ses lèvres, un nom à peine murmuré mais qui le déchire comme un hurlement :

— Peitschenmann!

L'homme au fouet ne peut pas avoir entendu, et pourtant, son regard n'est plus le même. La seule lueur qui coule entre ce chapeau noir et ce foulard noir permet à Paul de sentir que l'homme aussi l'a reconnu. Et, en quelques secondes, toute une suite rapide d'images s'impose, lumineuse, d'une présence hallucinante.

Peitschenmann! L'homme au fouet. Le SS du terrible camp de concentration de Lwow. Le SS au fouet qui faisait déshabiller un prisonnier ou une prisonnière devant tous les autres détenus

164

et fouettait à sa façon. Non à grands coups de lanière, mais en artiste. Déjà en artiste! Ouvrant l'extrémité d'un sein, crevant un œil, coupant une oreille. Là-bas, chaque SS avait sa spécialité, mais aucun ne put jamais atteindre à de tels sommets. Peitschenmann, c'était vraiment le génie du fouet.

Et il était là. En face de lui. A sa merci.

Paul Nanerwicz, l'ex-détenu évadé de cette usine de la mort, sourit. Devant lui, l'homme au fouet tremblait. Il le voyait à sa main, il lisait sa peur entre ces deux barres noires où ne filtrait plus la même lueur. Lui, Paul Nanerwicz ne tremblait pas. Il attendait calmement, absolument serein. Comme libéré d'un poids immense depuis qu'il avait pu mettre un nom sur ce visage. Il était maintenant d'une lucidité telle qu'il imaginait tout ce qui se passerait s'il faisait un geste, s'il lançait un seul mot. Les deux gendarmes qui se trouvaient près de la porte connaissaient son histoire, ils n'hésiteraient pas à arrêter l'ancien SS. Paul les connaissait. Ensuite, il y aurait le procès. Des juges. Des témoins... Un mot de lui pouvait modifier l'existence de cet homme, celle du cirque, l'ordonnance de cette soirée. Un mot, un geste, et ce petit univers circulaire, cette enceinte entre ces toiles pitoyables deviendrait le théâtre d'un drame. Est-ce que le SS se défendrait? Il ne pouvait pas se défendre. Il avait peur. Il suait sa peur. Etait-il seulement encore capable d'assurer son coup de fouet?

A cette pensée, Paul serra les lèvres. Il voulait éviter de sourire. « Je te laisse ta chance, pensa-t-il. Si tu me touches... »

La foule s'impatientait. Un murmure courut et, sans quitter des yeux le regard de Peitschenmann, Paul put voir l'ombre de l'homme au porte-

voix qui avançait. Il l'entendit même très nette-
ment demander :

— Alors, qu'est-ce que t'attends?

Et calmement, juste assez fort pour être entendu de Peitschenmann, il demanda à son tour :

— Hé oui, qu'est-ce que vous attendez, Herr
Peitschenmann?

Le fouet claqua deux fois de suite. À la
deuxième fois, le papier tranché au ras des doigts
du Polonais voltigea tandis que la foule applau-
dissait.

L'homme au fouet semblait figé. En regagnant
sa place, Paul Nanerwicz passa tout près de lui
et murmura en allemand :

— Bravo, Herr Peitschenmann, vous n'avez pas
vieilli.

LA BARQUE

A Jean-Baptiste FOURI.

— Allô, monsieur le Maire.

— Oui, j'écoute.

— Ici, c'est Martin. C'est moi qui fais la nuit, à la gare.

— Oui, et alors?

— Ça m'embête de vous réveiller, mais l'eau monte, monsieur le Maire. Ça monte plus vite qu'on ne pensait.

— Vous ne me réveillez pas. Cette crue me tenait en souci, je ne dormais pas.

— L'eau est à une marche du premier palier, sur l'escalier qui descend au bas du port.

— Vous êtes seul, à la gare?

— Oui, monsieur le Maire. Je ne peux pas m'éloigner.

— C'est bien, je préviendrai Tonin en passant. A tout de suite.

Le maire raccrocha l'appareil et regagna la chambre. Il était un peu plus de 2 heures. Le maire expliqua pourquoi il devait partir. Sa femme grogna et tourna la tête. Il s'habilla rapidement et sortit.

Le vent du sud tenait depuis trois jours avec une pluie qui n'avait guère changé de rythme. Rien n'était éclairé que le feu vert de la voie ferrée, tout en bas de la rue, près du passage à niveau. Le maire traversa la place où le vent qui plongeait des toits reprenait toute sa force. Les platanes se devinaient à peine au reflet de leur écorce trempée. Gorgé d'eau, un matelas de feuilles mortes faisait un bruit d'éponge sous le pas. Le maire sentait les gouttes froides sur son visage et sa nuque que son béret couvrait mal. Il releva le col de son imperméable, mais le tissu, déjà mouillé, était glacé.

Il frappa très fort à la porte de la petite maison qu'habitait Tonin, le président des sauveteurs. A soixante-douze ans, Tonin était encore une force de la nature, mais il était, depuis longtemps, un peu dur d'oreille. Heureusement, sa femme n'était pas sourde; et puis, Tonin non plus n'était pas de ceux qui peuvent dormir vraiment quand le fleuve menace. Un volet s'ouvrit, invisible dans cette nuit ruisselante. Le maire n'eut pas le temps de parler.

— J'ai compris, lança Tonin, je descends tout de suite.

Le maire se recroquevilla dans l'encoignure de la porte, les épaules remontées, les mains dans ses poches humides. De larges gifles frappaient la façade où les gouttes crépitaient, des tourbillons arrachaient au sol de la place des feuilles lourdes de boue et que l'on entendait courir sur le gravier du trottoir. A gauche, une grille de jardin bringuebalait sans arrêt. Tonin ne fut pas long.

— Vous avez couché avec les bottes aux pieds, père Tonin?

— Hein?

Le maire répéta trop fort et en se haussant sur la pointe des pieds. Tonin se mit à rire.

— Tu as presque raison, fit-il. Je me doutais du coup. Je m'étais allongé tout habillé sur mon lit. Mais pas avec les bottes, tout de même, pas avec les bottes.

Tonin avait une voix rauque et grave, et son rire semblait venir du fond d'une de ces immenses cuves à vendange dans lesquelles il faut descendre pour les nettoyer. Les deux hommes s'engagèrent dans la rue principale du village. Le vent s'y étranglait avec des jurons et des sifflements. Au passage, ils réveillèrent deux sauveteurs et leur crièrent de les rejoindre à la gare.

Le cheminot qui avait téléphoné les attendait sur le pas de la porte. C'était un grand gaillard maigre, au visage allongé et coupé en deux par une épaisse moustache noire. Le père Tonin le dominait pourtant d'une bonne tête et il était à peu près trois fois plus large. A côté d'eux, le maire avait l'air d'un nain trapu et tout en épaisseur.

— Ça monte de plus en plus vite, dit Martin, faudrait faire sonner.

— Qu'est-ce que tu dis? lança le vieux.

— Je dis qu'il faudrait faire sonner la sirène de la mairie.

— J'ai bien compris. Mais tu es fou. Tu voudrais affoler le village.

— Tonin a raison, dit le maire. Ça ne servirait qu'à effrayer les gens. Personne ne risque rien. Les seuls qui étaient menacés ont sûrement pris leurs précautions, et puis, nous allons nous en occuper tout de suite.

Le cheminot parut déçu.

— Moi, ce que j'en disais, fit-il.

Il y eut un long silence. La nuit d'eau et de

vent grondait autour de la petite gare, mais dans le bureau des agents où ils étaient entrés, il faisait une bonne chaleur. Le gros poêle de fonte noire tirait bien. On le devinait à la couleur sans cesse changeante des braises rouges retenues par la grille. Elles vivaient. Elles palpitaient au passage de l'air. Debout, immobile dans son imperméable qui commençait à fumer, le maire s'engourdissait. Ce fut Martin qui parla le premier.

— Je vous ai préparé deux lanternes.

— Merci, dit le maire. Et puis, nous avons des torches électriques.

Ils se turent de nouveau. Dans le silence, la respiration de Tonin paraissait énorme.

— Je n'ai même pas bu le café, dit le maire.

— Burtin ouvre à 5 heures, pour le premier train.

Les deux sauveteurs qu'ils avaient réveillés au passage arrivèrent ensemble. L'un s'appelait Félix Ravoilot, il était tourneur à l'Arsenal, l'autre, Jérôme Bonnefoi, était chauffeur à l'Electrochimie.

— Je n'ai réveillé personne d'autre, leur dit le maire. Pour le moment, c'est pas la peine. Ce qu'il faudrait faire tout de suite, c'est une passerelle pour venir à la gare. D'ici une heure l'eau aura barré la rue.

— C'est ce qu'on a vu, dit Félix.

Penché vers eux, Tonin les regardait en fronçant ses sourcils lourds. Il faisait un effort pour comprendre ce qu'ils disaient.

— Ensuite, reprit le maire, faudra penser aux maisons du Port Puys. C'est toujours là le plus emmerdant.

Ils se turent quelques instants. Ils semblaient tous redouter l'instant de quitter ce gros poêle autour duquel ils avaient formé le cercle. La sonnerie d'annonce d'un train se mit en branle. Martin sortit sur le quai; Jérôme Bonnefoi leva la tête vers le maire, puis vers Tonin. Il paraissait soudain frappé de stupeur.

— Bon Dieu, fit-il, la grosse barque?

— Quoi, la grosse barque? demanda Félix Ravoilot.

— Est-ce qu'on l'a passée de ce côté?

— Qui devait le faire?

— Je ne sais pas.

Le maire s'adressa à Tonin.

— La grosse barque, Tonin. Elle est bien de ce côté de la voie?

— Bien sûr que l'eau arrivera sur la voie.

Habituellement, ces réponses de Tonin les amusaient, mais là, personne ne sourit. Le maire répéta sa question en criant et en détachant bien ces mots. A mesure qu'il parlait, le visage de Tonin devenait plus dur.

— Nom de Dieu, dit le vieux. C'est moi qui aurais dû y penser. C'est pas possible. Bon Dieu, c'est pas possible.

— Ça va être trop tard, dit Félix.

— C'est pas sûr. Faut faire vite.

Ils avaient soudain oublié la chaleur du fourneau. Ils se bousculaient presque pour sortir, pour se retrouver dans la rue mouillée où l'eau qui montait du fleuve se mêlait à celle qui ruisselait le long des trottoirs ou regorgeait des caniveaux.

Ils se précipitèrent dans la ruelle qui conduit à la voûte. Le maire, qui marchait devant, les sentait sur ses talons, aussi tendus que lui. Le bruit des bottes de caoutchouc dans l'eau montait entre les murs rapprochés. Le maire alluma sa torche électrique. Il ne pouvait aller plus avant, l'eau était presque en haut de ses bottes. A leur droite, ils avaient le mur de soutènement de la ligne de chemin de fer, à gauche, les maisons aux volets clos. Ils se trouvaient à une dizaine de mètres de la voûte qui permet le passage sous la ligne. Le faisceau de la torche s'immobilisa bientôt à l'entrée de la voûte. L'eau atteignait le début de l'arrondi.

— Trop tard, dit Félix.

Le maire se retourna. Sans éclairer directement le visage de Tonin, il le voyait dans le reflet de la lampe dont le faisceau frappait l'eau boueuse à quelques pas de leurs bottes.

— Bon Dieu, gronda Tonin, je suis responsable. C'est ma faute.

— Vous croyez vraiment qu'il est trop tard?

La lampe fouilla encore la nuit, alla de l'eau à la clef de voûte. Il y eut encore un silence de quelques secondes, puis la voix de Tonin, plus caverneuse que jamais, lança :

— On peut encore y arriver.

Ces mots furent comme un signal. Tous se mirent à parler soudain.

— Non, celui qui essayerait resterait coincé.

— C'est pas vrai. Ça doit passer.

— Et si on appelait beaucoup d'hommes, on pourrait la sortir.

— Et comment tu lui ferais monter l'escalier?

— C'est possible.

— Avec une grue.

— Et où tu la prendrais, la grue? Et où tu l'installeras?

— Malin, va!

Encore le silence. Quelques instants seulement, puis le maire dit :

— C'est bon, plus nous attendrons, plus ce sera difficile. Allons-y.

Félix parle encore, mais le maire ne l'écoute

pas. Il revient en arrière, regagne la gare et tra-
verse les quatre voies du chemin de fer pour
atteindre le petit sentier qui suit le haut du talus.
Une fois là, il accélère le pas comme s'il courait
après la tache orangée que sa lampe fait danser
sur les cailloux du ballast. Il entend, derrière lui,
le souffle de Tonin qui ne cesse de s'injurier à
mi-voix. Invisible en dessous d'eux, le fleuve clapote. Les fils de fer qui courent le long des rails
sont luisants et de grosses gouttes étincellent,
tremblotantes, tombant toutes ensemble lorsqu'un homme heurte le fil. Le maire enjambe
bientôt ce filet, sans s'arrêter, dévale l'escalier
jusqu'au premier palier. L'eau est au niveau de
cette large pierre plate où ils se tiennent debout
tous les quatre. Les vagues les plus grosses
viennent y mourir et lèchent leurs bottes. Elles
poussent dans la lumière des ombres qui sont
comme des frissons de la pierre.

— Allez, dit Tonin, faut pas traîner.

Déjà ses grosses mains empoignent la chaîne.
La barque est à quelques mètres de la rive, pro-
menée sans cesse par les remous. On lui a laissé
une grande longueur de chaîne à cause de la montée de l'eau. Le maire éclaire dans sa direction
et la lumière se perd au loin, dévorée par les té-
nèbres. Il cherche des yeux l'emplacement de la
digue qu'on doit deviner encore au mouvement
de l'eau, mais la pluie rend la nuit trop épaisse.
Tonin et les deux sauveteurs ont tiré la barque
contre le mur. Deux rames et une longue perche
ferrée sont couchées dans le fond.

— Si encore on avait de quoi la charger un
peu, observe Tonin.

— On pourrait mettre des roches.

— Le temps d'aller les chercher, l'eau monte-
rait encore.

— Et puis, elles gêneront celui qui sera dedans. Faudra se coucher...

— Moi, fait le maire en s'approchant du bord, je ne suis pas grand. Il ne me faut pas beaucoup de place.

Il s'apprête à descendre dans le bateau lorsque la main de Tonin l'agrippe. Les doigts du vieux serrent son bras.

— Reste là, petit. C'est ma place.

— Vous êtes fou... A votre âge.

— Tu n'es pas sauveteur.

— Mais moi... dit timidement Félix.

Tonin n'a pas dû l'entendre. Il maintient le maire sur la plate-forme de pierre et avance son pied vers la barque.

— Arrêtez-vous, crie le maire. Je vous l'interdis!

Tonin a un gros rire.

— Pauvre gamin! lance-t-il.

Il est dans la barque et déjà il empoigne la perche en criant :

— Détachez la chaîne.

Au moment où il appuie contre l'escalier le bout de sa perche pour pousser son embarcation vers le large, le maire saute à côté de lui. La barque danse et Tonin jure.

— Tu es maboule. On ne peut pas risquer à deux. Un suffit.

— Ne discutez pas, Tonin. Je ne suis pas de la Société de sauvetage, mais dans le village, je suis le maître. Surtout pour ces choses-là. Allez, ne perdez pas de temps.

Il s'est assis à la pointe du bateau. Jusqu'à présent, il éclairait de sa lampe les jambes du vieux qui se tient debout entre le cul et la planche de nage. Il dirige la lumière vers la voûte. Comme le bateau ne bouge pas, sans se retourner, il crie :

— Alors Tonin, vous attendez la décrue!

Il y a une oscillation légère. La perche appuie sur le fond. Le bateau vibre puis il tourne légèrement pour prendre la direction de la voûte. Il avance enfin, sans secousse, comme attiré par un courant vers ce trou d'ombre qui paraît ridiculement étroit et bas. Le maire pense : « On ne peut pas passer. » Il lance aux deux sauveteurs restés sur la rive :

— Dès qu'on sera engagés, vous retournez de l'autre côté, c'est pas la peine de rester là. Et passez à la gare prendre les lanternes, une torche peut lâcher.

La voûte approche lentement. Son contour éclairé par la lampe se reflète vaguement, déformé par les vagues et le remous, comme noué et tordu par l'eau noire du fleuve. Encore deux mètres et la pointe de la barque atteindra le niveau du mur. Le maire se retourne une dernière fois pour éclairer les jambes de Tonin. Le vieux est debout au cul de la barque, pieds écartés, la perche bien en main, guidant sans hésiter. Le maire s'accroupit et pose la torche sur le plancher incliné, contre la première courbe de la barque. Ainsi le faisceau frappe la voûte de biais devant eux. Il cale bien sa lampe puis, les deux genoux dans le fond de la barque, il pose ses mains contre la pierre froide et ruisselante.

— Je tiens, crie-t-il.

Il sent la barque vibrer comme si un moteur la secouait. Le vieux retire sa perche de l'eau et la couche le long du bordage. Ensuite, le maire l'entend grogner en se baissant. Le vent qui s'était calmé un instant se réveille d'un coup comme s'il sortait du fleuve, comme s'il en était une vague plus furieuse que les autres. Le maire sent que la barque risque de tourner et de se trouver en travers de cette entrée de voûte.

— Tiens bon! hurle le vieux.

Le maire se cramponne et commence de baisser la tête. Derrière lui, le caillebotis craque et grince sous le poids de Tonin qui a dû s'agenouiller. Son déplacement fait tanguer le bateau et l'eau qui se trouve entre le fond et les lattes du caillebotis monte d'un coup, à droite d'abord, puis à gauche. Le maire l'a sentie qui trempait ses genoux et entrait dans ses bottes. Il sent que la pierre retourne ses ongles, il va parler lorsque le vieux crie :

— Allez, vas-y!

Très vite il pivote sur lui-même, s'assied puis se couche dans la barque, la tête vers l'avant déjà engagé sous la voûte. Un instant, la lumière emprisonnée l'éblouit. De sa main droite il déplace légèrement la lampe, de la gauche, il maintient la barque au centre de la voûte. Il lui suffit de soulever la tête pour voir Tonin allongé également, les pieds dans sa direction.

— Vous auriez dû venir à ma place, crie-t-il. Avec le nez qui relève on est mieux.

— Tu m'emmerdes, grogne le vieux.

La barque tangue encore et le bordage heurte les pierres. L'eau navigue à l'intérieur et le maire a les fesses mouillées. Tonin va être trempé des pieds à la tête. Ils avancent lentement, mais la barque doit déjà être engagée complètement. Le maire ne voit guère du vieux que les immenses semelles de ses bottes et ses deux mains qu'il fait aller contre les pierres d'où l'eau glacée coule par endroits. Toute la voûte est visqueuse et le vent qui s'y engouffre fait flotter comme des lambeaux d'étoffe grise d'épaisses toiles d'araignées. Il règne là, malgré le courant d'air, une forte odeur d'égout. Le vieux a déjà grogné plusieurs fois :

— Ça pue la merde, faut pas s'éterniser.

Ils progressent lentement, pourtant, car la moindre fausse manœuvre peut faire tourner l'embarcation qui risque de se coincer en biais sous la voûte. Il leur reste à peine une marge de quelques centimètres, et le maire a l'impression que la voûte s'incline légèrement dans le sens où ils vont. Il se répète plusieurs fois : « C'est une illusion d'optique. C'est la perspective. Toutes ces voûtes sous la voie ferrée ont été bien faites, elles sont horizontales, c'est certain. »

Soudain, l'avant de la barque racle les pierres. Les planches résonnent et tremblent.

— Fais attention, crie le vieux. Droit. Tout droit.

— Mais je suis droit.

— Sûrement pas.

— La preuve...

Le maire se tait. Il hésite. Lâchant la voûte il saisit la lampe pour en promener la lumière sur les pierres.

— Alors? demande Tonin.

— Poussez plus, crie le maire. Poussez plus, on touche des deux côtés.

C'est pourtant vrai. Les deux bordages sont contre les pierres de la voûte.

— C'est pas possible, dit encore Tonin, à l'arrière ça touche pas. Il s'en faut de cinq centimètres au moins, et le bateau est à plat, sur le haut des bordages.

— Vous êtes plus lourd.

Le maire dirige la lumière vers Tonin qui est en train de se casser en deux pour s'allonger dans le même sens que lui.

— On a fait plus de la moitié du chemin, rage-t-il. Ce serait trop con de reculer à présent.

A mesure qu'il se porte vers l'avant, son poids ajouté à celui du maire fait enfoncer un peu l'embarcation qui se libère, d'un côté d'abord, puis de l'autre.

— Tu vois, il en fallait pas plus, remarque Tonin. Mais sacrebleu, je pensais pas qu'il montait si vite que ça.

— C'est la voûte qui n'est plus horizontale.

— Tu rigoles.

— Non, justement pas.

Leurs voix bourdonnent curieusement dans cette étroite caisse fermée par les pierres inégales.

— Faut reculer.

— Pas de ça, petit. On doit passer.

Sans attendre davantage, le vieux plaque ses mains à la pierre et fait avancer la barque. Ils font un mètre, deux peut-être, puis c'est de nouveau ce bruit de râpe. Tonin pousse un juron. Il a dû comprendre qu'il avait eu tort de continuer. A présent, ce n'est plus seulement l'avant de la barque qui touche, mais plus de la moitié de sa longueur. Déjà le vieux s'est allongé, et, les mains au plafond, il pousse dans l'autre sens en criant :

— Allez, vite. A reculons. On va être coincés.

Le maire n'a pas attendu l'ordre. Lui aussi a collé son dos au caillebotis et pousse de toute sa force. Il lui semble qu'ils vont soulever la voûte avec ses quatre voies de chemin de fer et son ballast. Les lattes craquent sous son dos. Est-ce que le plancher de la barque va tenir?

— On bouge.

— Non, Tonin, ça grince, mais on n'a pas reculé d'un pouce.

— Si, on recule. Pousse, mille dieux!

— On bouge pas, je vous dis.

— Allez, en même temps, tu y es? Oh! hisse...
Encore... Oh! hisse!

Ils font cela dix fois. Et puis, le maire entend
le bruit sourd des bras du vieux qui viennent
de retomber au fond de la barque. Lui aussi laisse
retomber ses mains. Ses muscles sont douloureux, son dos est talé et ses paumes doivent être
en sang.

— J'ai fait une connerie, enrage Tonin. Deux
conneries : t'amener là, et vouloir continuer.
Merde alors, à mon âge, c'est pas possible. Et
connaître le fleuve comme je le connais!

— Ce n'est pas le fleuve, Tonin. Si la voûte
était droite, nous serions déjà de l'autre côté.

Ils demeurent quelques secondes en silence.
Ils reprennent leur souffle. Le maire entend la
respiration énorme du vieux. L'eau bruit autour
d'eux comme mille bêtes visqueuses.

— Héo! Vous y arrivez?

C'est la voix de Félix. Loin, très loin, comme
amortie par un mur épais.

— On va y arriver, crie le maire.

— Qu'est-ce qu'y te prend à gueuler comme
ça? demande Tonin.

— Je réponds à Félix.

— Quoi Félix?

— Il a appelé.

Le vieux respire profondément. Il semble hésiter puis, comme si la colère le saisissait, soudain,
il se retourne et se met à plat ventre. Il s'accoude
et lève la tête en direction du maire. Sa barbe
mal rasée pique de points argentés son visage
mouillé et luisant.

— Le seul moyen, petit, c'est d'embarquer de
l'eau. On aurait seulement cent kilos de plus, on

passerait. Mets-toi sur le côté comme moi, on va pousser.

Ils se portent tous deux le plus près du bordage gauche et, le dos contre la voûte, à quatre pattes, ils bandent leurs muscles pour tenter d'écarter la barque de la pierre. Mais la barque ne bouge absolument pas.

— C'est pas la peine, dit le maire.

— C'est vrai. On pousse vers le bas, mais l'autre bordage ne peut pas monter...

Tonin se tait soudain, il aspire une longue bouffée d'air et se met à crier.

— Tonnerre! On va tout de même pas crever là comme des rats dans une nasse. A mon âge, être si con! Et sauveteur depuis soixante ans... Et président de la Société. Je te jure que si j'en sors vivant, je donne ma démission. J'ai honte de moi.

Sa voix emplit le bateau. Les mots semblent tenir l'un à l'autre liés par l'écho multiple. Le maire essaie de l'interrompre, mais tout est vain. Tonin est seul. Seul enfermé dans sa surdité, seul en face de tout ce qu'il se reproche. Seul pour s'insulter.

De nouveau, des appels assourdis arrivent jusque sous la voûte. Le maire hésite. Pourtant, lorsque Tonin se tait enfin, il demande :

— Alors, faut appeler, quoi.

— Appeler? Et qu'est-ce qu'ils feront?

Le silence qui suit est effrayant. Le maire dirige vers le vieux la lumière de la torche. Le vieux est couvert de sueur. Il grogne.

— A mon âge, être si con.

— Félix! hurle le maire. On est coincés!

Il a crié sans réfléchir, très fort, mais il semble que sa voix ne peut plus parvenir au delà de ces planches. Pourtant, les autres répondent.

On ne peut comprendre ce qu'ils disent à cause du bruit de l'eau qui clapote sous la voûte, mais ils ont entendu. Ont-ils compris? Le maire va les appeler de nouveau lorsque Tonin remarque :

— C'est le meilleur bateau de la société : tu peux remarquer qu'il ne prend absolument pas l'eau. Ce serait le vieux, il serait déjà à moitié plein, et on s'en sortirait facilement.

Il se tait. Il a dit cela presque calmement, mais le dernier mot n'achève pas sa pensée. Le maire attend. Dehors, les autres crient toujours.

— Si on pouvait seulement faire un trou, reprend le vieux. Un trou, c'est rien, après, on met une pièce.

On dirait qu'il pense surtout au bateau et son calme soudain épouvante le maire.

— Le bateau, je m'en balance, mais faut qu'on se tire de là. (Il marque un temps.) On aurait seulement une hache.

— Une hache?

Le maire braque la lampe vers Tonin et crie :

— Oui. Une hache ou n'importe quoi pour crever cette saloperie. On dirait que vous préférez crever pour que les autres puissent récupérer le bateau intact.

Le visage de Tonin s'est tendu, le maire pense un instant qu'il va se remettre à crier, mais le vieux a un sourire et un hochement de tête.

— Je serais tout seul, ça ne serait pas une grande perte. A mon âge, et con comme je suis, ce que...

Le maire l'interrompt.

— Pas la peine de raconter des âneries, Tonin. Faut qu'on se tire de là. Plus on attend, plus ce sera dur. En nageant, un homme peut encore nous apporter une hache.

Presque timidement, Tonin dit :

— Un vilebrequin et une grosse mèche.

Cette fois, le maire se fâche.

— Merde pour votre bateau. Un vilebrequin, il leur faudra au moins dix minutes pour en trouver un, une hache, ils n'ont qu'à courir à la gare.

Il ne peut saisir la réponse que Tonin mâchonne, déjà il s'est tourné vers l'avant du bateau et il rampe jusqu'à ce que sa tête touche d'un côté les pierres de la voûte et, de l'autre, le bois incliné du plancher. A dix centimètres devant lui, il y a un espace où il peut passer la main. Il y engage sa lampe qu'il allume et éteint plusieurs fois, puis il crie :

— Faites vite. Faut nous faire passer une hache. Une hache, vous entendez?... A la gare, vous en trouverez une!

Il a bien détaché ses mots. A présent, il tend l'oreille. Il a éteint sa torche et il fixe l'espace. Rien. Le noir. Le bruit de l'eau et puis, un grondement, et à présent des appels. Mais le maire ne sait plus s'ils viennent de ce bout du tunnel ou de l'autre. Il éclaire et dirige le faisceau vers l'arrière. Tonin s'est tourné sur le côté, un coude replié sous ses côtes. Il ne dit rien, mais son regard interroge.

— Je crois qu'ils ont retraversé les voies, dit le maire. Mais voilà un train, faut le laisser passer.

— A présent, dit le vieux, il va y en avoir beaucoup.

La voûte tremble de plus en plus fort jusqu'au passage du convoi qui fait comme un long roulement de tonnerre. Il s'éloigne. Le grondement meurt lentement.

— Prenez la lampe, dit le maire. Faites des signes à l'arrière, entre la voûte et la planche, et gueulez.

182

Tonin se déplace comme il peut. Il geint et ses jointures craquent. Il crie. Il répète son cri. Ils attendent. Silence et clapotements. Le maire sent la sueur lui brûler les yeux. Dans le mouvement que fait Tonin pour se retourner, il lâche la torche qui tombe entre le bordage et la perche couchée au fond du bateau.

— Bon Dieu, dit le maire, l'harpie!

Il vient soudain de penser à la pointe de fer qui termine la perche. Il déplace la lampe et empoigne la perche. Le fer est vers l'arrière de la barque. Le maire frappe en poussant fort sur le long manche.

— C'est pas possible, dit Tonin. Au cul, tu as deux épaisseurs de bois en plus du caisson. Je te l'ai dit : c'est notre meilleur bateau. Tu peux taper une heure, tu lui feras pas grand mal, surtout avec ce fer tout arrondi.

— On pourrait seulement casser le manche, on attaquerait un bordage.

Leurs regards se croisent. Le maire déplace la lampe qui éblouissait Tonin. Il dirige le faisceau vers le plancher. Tonin hoche la tête et finit par dire :

— Oui, on n'a pas d'autre solution.

— Mais bon Dieu, qu'est-ce qu'ils foutent donc?

Il crie encore, et il lui semble qu'il y a, sous la voûte, un bruit d'eau différent de celui des vagues. La voix essoufflée de Félix leur parvient :

— Oh!... Attendez... On va venir...

Plus rien. Le clapotis. Le frôlement des remous contre les planches. Mille et mille bêtes glacées qui sont le fleuve. C'est tout. Le maire pense « Et si Félix s'était noyé? » Mais il n'en dit rien à Tonin qui commence à se déplacer pour empoigner la perche. C'est une bonne branche de saule

écorcé et sec depuis deux ans au moins. Du solide.
Et la place manque pour faire un effort. Malgré
tout, Tonin réussit à se tourner assez pour poser
sa botte sur la branche. De ses deux mains, il
l'empoigne à ras du croc de fer, et il tire vers lui.
Il y a un léger craquement, mais le vieux doit
se reprendre.

— Vous ne pouvez pas, c'est trop dur. Faudrait s'y mettre à deux.

— Et comment ferais-tu?

— Je sais, avec la place qu'on a.

— Laisse-moi faire. Je suis pas encore au
rebut.

Il change légèrement de position. Son souffle
rauque emplit tout cet espace restreint. Le bois
craque encore, guère plus que la première fois,
mais le vieux ne lâche pas. Ses mains sont toutes
gonflées de muscles et de veines. Il tremble un
temps, est-ce que le bois a encore assez de vi-
gueur pour triompher de ce vieil homme? Tonin
semble relâcher sa prise. Il respire profondément
puis, par surprise, il lance toute sa force dans ses
reins bandés. Et cette fois, c'est un long craquement des fibres qui se rompent une à une. Le
bois se mâche. Tonin tourne enfin la branche, il
s'acharne sur les derniers nerfs qui tiennent encore comme des ficelles.

Il vient juste de terminer lorsque le grondement d'un train commence d'approcher. Il y a
un moment que le maire l'avait perçu, très loin.
Les deux hommes ne parlent pas. Le maire sourit et Tonin a un clin d'œil qui veut dire : « Alors,
il est encore solide, le vieux, oui! »

Dès que le bruit du train s'est estompé, le
maire demande :

— Qu'est-ce qui vaut le mieux, un bordage ou
le fond?

Tonin manœuvre son outil.

— On peut taper dans les deux sens, dit-il. Mais vaut mieux un bordage. Si on peut l'entamer avec ça, en poussant des pieds, la planche sautera peut-être si c'est celle du haut.

— C'est vrai, il n'y a pas encore la pression de l'eau.

Tonin paraît hésiter. Comme à regret il dit :

— C'est idiot, c'est toujours difficile à changer, ces planches-là.

Le maire ne dit rien. Il sait qu'à présent Tonin est décidé. De fait, le vieux commence à cogner. Et le fer de l'outil entame le milieu de la planche, à égale distance de deux courbes. Le bois résiste, mais dès que la pointe de métal peut être engagée aux trois quarts, les deux hommes appuient de toutes leurs forces sur le manche, et la moitié de la planche cède. Une partie vient vers eux. Ils la tirent et réussissent à l'arracher. Déjà il semble qu'ils soient sur le point d'être libérés. Le maire passe la main par cet espace et cherche la surface de l'eau qui paraît toute proche.

— Bon Dieu, Tonin, c'était temps.

Tonin recommence de cogner et, presque en même temps, d'autres coups plus sourds sont frappés à l'avant du bateau. Tonin s'arrête.

— Qui c'est? crie-t-il.

— C'est moi, Félix.

— Qui c'est?

— C'est Félix.

— Arrête-toi, hurle le vieux. C'est pas la peine de l'entamer de partout, ce bateau!

Une espèce de rage semble s'être emparée de lui. A présent, il cogne en jurant, il arrache encore un morceau de planche et recommence à taper. Enfin, juste à l'instant où le tonnerre d'un train les assourdit, l'eau jaillit autour de la pointe de fer. L'outil tourne, fouille la chair blanche et noire du pin goudronné et arrache encore un morceau de planche. Alors l'eau entre par le haut. Les coups, à l'avant, se sont arrêtés, mais la barque semble remuer légèrement.

— On bouge, dit le maire.

Ensemble ils se portent du côté où l'eau entre. Ils sont trempés.

— Quand la lampe sera mouillée, elle risque de s'éteindre, dit le maire.

— Faut enlever nos bottes. Et, en tout cas, nage du côté où le courant te portera. Ça dépend du moment où se font les remous. Même si on va vers le fleuve, ça fait rien. L'escalier est tout près.

Ils laissent entrer encore un peu d'eau, puis le vieux demande :

— Tu y es?

— Si vous voulez.

Ils se sont mis à genoux et, le dos à la voûte, ils essaient de se lever. Lentement, ils sentent que le bateau s'enfonce sous eux. Lentement d'abord, puis plus vite.

— Attention! crie le vieux.

Il a à peine achevé, que le bateau bascule. Le maire entend encore :

— Fais vite. Il peut nous coincer.

L'eau est glacée, mais elle ne les surprend plus. La lampe s'éteint au moment où elle entre dans l'eau et le maire la lâche pour être plus à l'aise. Il a soudain peur pour Tonin, mais il ne peut rien voir.

— Par là. Par là.

Il tourne sur lui-même. La lumière l'éblouit et il baisse la tête pour se diriger vers elle. Il a à peine fait quelques brasses que des mains l'agrippent. Une autre barque est là, à la sortie du tunnel, et c'est en y montant qu'il constate qu'il ne reste que quarante centimètres entre la surface de l'eau et la clef de voûte. Tonin se hisse à son tour. Il dit simplement :

— Bon Dieu... Ce qu'il faut être con.

Déjà Jérôme pousse la barque vers l'escalier.

— On a eu peur, vous savez.

— Et Félix? demande le maire.

— Il est de l'autre côté. Il essayait de cogner à la hache, vous l'avez pas entendu?

— Si, mais il tapait au bout.

— Oui, et il n'avait pas de force. Dans l'eau, on n'a pas de force.

Lorsqu'ils arrivèrent dans la salle de la gare, le maire regarda l'horloge. Il calcula qu'ils étaient restés à peine une demi-heure sous cette voûte. Une demi-heure, il n'en revenait pas.

Ils se déshabillèrent, et l'employé de la gare les frictionna tous deux avec une pèlerine sèche. Félix, qui habitait en haut de la rue, était allé se changer chez lui. Il rapporta des vêtements pour les autres. Ils se mirent à rire en voyant Tonin vêtu d'une veste et d'un pantalon qu'il ne parvenait pas à boutonner. Lui seul était grave.

— Vous pouvez vous marrer, grogna-t-il. Notre plus beau bateau... Etre si con... A mon âge.

Le maire s'approcha de lui et dit lentement :

— Ecoutez-moi, Tonin. Le bateau, vous en aurez un tout neuf avant la fin du mois. Je vous le promets. Maintenant, pour le reste (et il regarda les autres) il ne s'est rien passé. Le bateau était bien de ce côté de la voie, seulement, l'amarre a lâché, et on ne sait pas comment ce bordage a pu se fracasser.

Il y eut un silence. Le feu qu'on venait de recharger crépitait. Le maire sentait la chaleur du poêle brûler son torse nu.

— D'ailleurs, dit Félix, pour peu que ça monte encore beaucoup, est-ce qu'on sait où il peut aller.

Ils restèrent ainsi jusqu'au moment où la femme de Félix arriva. Elle portait un grand panier qu'elle posa sur le bureau des employés. Elle en tira cinq bols, cinq cuillers, et un grand pot-au-feu rouge émaillé. Elle souriait.

— C'est du bouillon gras, dit-elle. Il y a des légumes et vous casserez du pain dedans. Je le fais toujours la veille, pour qu'on mange la viande froide. D'ici à midi, j'aurai tout le temps de faire une autre soupe.

Elle avait soulevé le couvercle, et une bonne odeur emplissait la salle. Les hommes tirèrent le bureau vers le centre, et, en riant, ils s'attablèrent autour des bols fumants.

L'HOMME AU MANTEAU DE CUIR

A Pierre LHOSTE.

Le soldat Morand venait de dicter un message au relais de transmissions du secteur. Il s'éloigna de l'appareil téléphonique posé sur un petit bureau de bois blanc. Allongé sur le lit, à côté du bureau, le sergent Picard fumait une cigarette.

— A présent, dit Picard, tu pourrais remettre la radio.

Morand haussa les épaules en marmonnant :

— Tu y tiens, à ton zinzin.

— Qu'est-ce que tu veux faire d'autre?

Morand ne répondit pas. Il brancha la prise du poste de radio, demeura un instant indécis, les mains dans les poches, puis s'approcha du poêle où il mit une grosse bûche de pin.

Pendant un instant encore le ronflement du feu et les gifles de pluie fouettant les vitres furent les seuls bruits; puis la musique du poste monta lentement.

— Qu'est-ce qu'il y a comme crachements, dans ce poste, remarqua Picard, il est foutu.

— Moi, je crois plutôt que c'est le vent. Il doit

y avoir quelque part des fils qui se touchent, et tu pourrais avoir un poste tout neuf...

Morand n'acheva pas sa phrase.

La porte venait de s'ouvrir et une rafale d'air froid s'engouffra dans la pièce. L'ampoule électrique se balança au bout de son fil.

— Ferme, cria Picard, tu nous gèles.

Du seuil, le soldat Dupuy cria :

— Oh! Picard, il y a un homme qui voudrait entrer.

Sans bouger Picard demanda :

— Qui est-ce, un type de la compagnie?

— Non, c'est un civil. Un homme avec une moto. Son carburateur est noyé. Il est tombé en panne à un kilomètre d'ici et il est gelé, trempé comme une soupe. Il voudrait se sécher un peu avant de repartir.

Picard se souleva sur un coude pour crier :

— Non! Impossible. Tu sais bien que l'entrée du poste est interdite aux civils. Allez, ferme!

Le soldat était debout sur le seuil. De sa place, le sergent le voyait mal à cause de la lampe qui se trouvait entre eux. Il entendit la voix de l'inconnu sans pouvoir comprendre ce qu'il disait. Picard aussi parla, tourné vers l'extérieur comme s'il se fût adressé à la nuit et au vent glacé.

Comme la porte demeurait ouverte, le sergent se leva, posa son mégot dans le cendrier sur le bureau et se dirigea vers les hommes. Il allait atteindre la porte lorsque le soldat Dupuy se tourna vers lui, dégageant l'entrée. L'inconnu en profita pour franchir le seuil.

— Vous ne pouvez pas me laisser dehors, dit-il aussitôt. Je suis vraiment épuisé. Avec un temps pareil, personne n'oserait mettre un chien à la rue. Voyons, l'hospitalité...

L'homme était grand et assez fort. Il avait une

190

figure rouge qui luisait. Les gouttes de pluie tombant de son casque de motocycliste s'accrochaient à ses sourcils épais, roulaient sur ses pommettes ou bien le long de son nez. Il s'essuya d'un revers de main et ébaucha un sourire. Il devait avoir une cinquantaine d'années.

— Je suis désolé, dit Picard, mais le règlement est formel; l'entrée du poste est interdite à toute personne étrangère à la formation. Vous voyez, même un militaire d'une autre unité ne peut entrer que s'il est muni d'un ordre de mission.

Retournant prendre sa faction, Dupuy était sorti en refermant la porte. Cependant, le sergent demeurait planté devant l'inconnu. Morand s'était avancé et les regardait.

— Enfin, dit l'homme au manteau de cuir, regardez-moi, et voyez un peu ce qu'il tombe.

— Vous avez un bon manteau et un casque, n'exagérez pas.

— Mais mon moteur est noyé. Le temps qu'il sèche; le temps de me chauffer un peu les mains. (Il montrait ses mains rouges, presque violacées.) Je ne sentais plus mon guidon. J'ai fait plus d'un kilomètre en poussant ma machine. Et je n'ai vu aucune autre maison.

— Non, précisa le sergent, la ferme la plus proche est encore à plus de trois kilomètres.

— Justement...

Le sergent s'avança comme pour le repousser.

— Non, non, dit-il, n'insistez pas, le règlement est formel.

— Mais personne n'en saura rien, dit encore l'homme, surtout à cette heure-ci.

— Laisse-le entrer cinq minutes, dit Morand. Qu'est-ce que tu risques?

Le sergent se retourna vers Morand et lança :

— Tu es marrant, toi, je suis responsable.

Derrière lui, l'homme souriait à Morand qui insista :

— Allons, laisse-le entrer; à 10 heures du soir et avec un temps pareil, tu peux pas foutre un homme sur la route avec une moto en panne.

Le sergent parut hésiter, regarda encore l'homme puis, haussant les épaules, il regagna le centre de la pièce en grognant :

— C'est bon, entrez, mais moi, à ce petit jeu-là, je risque le conseil de guerre.

L'inconnu remercia en regardant Morand qui lui désignait une chaise. Le sergent s'assit sur son lit, parut réfléchir un instant puis, regardant l'homme, il reprit :

— En tout cas, je compte sur votre discrétion. N'allez surtout pas raconter que vous vous êtes arrêté dans un poste de guet.

L'homme promit. La chaise que lui avait avancée Morand se trouvait près du poêle. Les mains tendues en avant, il se chauffait en regardant autour de lui. Les murs blanchis à la chaux étaient nus, déjà tachés derrière les deux lits. En dehors du fourneau, du bureau et de quatre chaises, il n'y avait là qu'une grande table de ferme et un placard de bois peint. Près de la porte quatre fusils étaient suspendus à un porte-manteau. Le carrelage du sol était mouillé par endroits mais propre.

Il y eut un long moment avec juste le bruit des bourrasques et la musique très faible du poste dont Morand venait de diminuer la puissance. L'homme se frotta les mains en disant :

— Ça fait du bien.

— Puisque vous êtes là, dit le sergent, profitez-en au moins pour vous sécher comme il faut.

— C'est bien ce que je fais.

— Si vous voulez quitter votre cuir...

— Non merci, dit l'homme; ça va très bien comme ça. Je ne veux pas m'arrêter longtemps.

Il paraissait heureux et souriait chaque fois que son regard rencontrait celui de Morand.

— Déboutonnez au moins votre manteau, dit le soldat, vous allez étouffer ici, avec la chaleur qu'il fait.

— Ça va très bien, répondit l'homme en reculant sa chaise. Mais je vois qu'on ne pleure ni le bois ni le charbon dans l'armée.

Morand s'approcha du poêle pour fermer le tirage.

— C'est encore une chance, dit-il. La vie n'est déjà pas si drôle, dans ce poste perdu au milieu des champs, si encore il fallait se geler.

— Bien sûr, mais on ne sait jamais, l'armée n'est pas toujours aux petits soins.

Morand se mit à rire en demandant :

— Vous n'avez jamais été soldat, monsieur?

— Si, bien sûr, comme tout le monde.

— Alors, vous devez bien connaître le système D.

L'homme rit à son tour.

— Je comprends, dit-il, vous avez vos petites combines pour le combustible.

— Pour ça, et pour le reste, précisa Morand.

— Dis donc, tu ne voudrais pas parler d'autre chose.

Le sergent Picard avait parlé sans crier, mais d'une voix sèche, presque dure. Morand parut embarrassé et baissa la tête en grognant :

— Quoi, je dis pas de mal.

Il y eut entre eux un long silence que la radio ne parvenait pas à meubler suffisamment. L'homme continuait de se chauffer en se frottant les mains de temps à autre.

— Vous avez la radio, dit-il après un moment, c'est déjà une bonne chose.

— Oui, dit Picard, on n'a pas à se plaindre. On est très bien.

L'homme répéta comme pour soi.

— Très bien, très bien.

Morand s'était levé pour remettre une bûche dans le poêle. Lorsqu'il eut terminé, il prit le bouteillon de café qu'il avait mis à chauffer et apporta des quarts sur la table.

— Vous en boirez bien une goutte, dit-il en versant.

— Merci, dit l'homme, vous êtes gentil.

Il but une gorgée et reposa le quart en ajoutant :

— Il est bien bon. Les soldats ont toujours très bien su faire le café.

Ils burent en silence. Puis, comme Morand emportait les quarts vides, la porte s'ouvrit et Dupuy demanda :

— Si tu t'en ressens, Picard, je suis complètement rincé.

— C'est bon, dit le sergent, j'y vais.

Dupuy sortit et referma la porte. Une bouffée d'air glacé et humide avait fait un grand remous dans la pièce. Le sergent Picard enfila sa capote, coiffa son casque et se dirigea vers la porte.

L'homme se leva en disant :

— Je vais m'en aller.

Picard passa la bretelle de son fusil sur son épaule, puis se retourna pour dire :

— Prenez le temps de vous chauffer. D'ailleurs, si votre moteur est vraiment noyé, ce n'est pas en quelques minutes qu'il a pu sécher.

L'homme remercia.

— Pas de quoi, lança Picard en ouvrant la porte.

Morand s'approcha du poste de radio.

— Je ferme le zinzin, dit-il. Ça va un moment, et après, ça vous rétame les oreilles.

Dupuy entra. Sa capote ruisselait. Il la quitta et l'étendit tout près du feu, sur le dossier d'une chaise. Presque aussitôt, le tissu se mit à fumer.

— Ça n'a pas l'air de s'arrêter, dit l'inconnu.

— Non, ça s'arrête par terre; pas avant.

Tous trois se mirent à rire. Dupuy délaça ses brodequins et retira ses chaussettes. L'homme le regardait faire. Après un temps il demanda :

— Il a l'air brave, votre sergent. C'est lui qui commande ici?

— Oui, dit Morand, il est chef de poste. Sûr qu'il est brave. Vous voyez, on a un copain qui est malade, alors il prend la garde à sa place. Par ce temps-là, c'est pourtant pas marrant. Et vous pouvez m'en croire, il n'y a pas beaucoup de sergents qui en feraient autant.

L'homme hocha la tête.

— C'est certain, dit-il. D'autant plus qu'il a l'air d'être assez à cheval sur le règlement. Et somme toute, qu'il prenne la garde lui-même, c'est probablement contraire au règlement.

Dupuy se mit à rire.

— Dites donc, remarqua-t-il, vous avez l'air d'en connaître un rayon, vous.

— Bien sûr, quand on a été soldat, on se souvient toujours plus ou moins de certaines choses.

— En tout cas, remarqua Morand, s'il est un peu trouillard de ce côté-là, Picard, quand il s'agit d'un gars malade ou d'un truc comme ça, on peut dire qu'il ne se dégonfle pas.

Dupuy regarda un instant l'inconnu avant de remarquer :

— Vous voyez bien pour vous. Ça l'embêtait de vous laisser entrer, mais quand il a vu dans quel état vous étiez, il n'a pas eu le courage de vous laisser dehors.

L'homme haussa les épaules en disant :

— Bah! qu'est-ce qu'il risque?

Morand éleva la voix.

— On voit bien que vous n'êtes plus dans le coup. Un officier en inspection tomberait ici à présent, le pauvre Picard, ses galons...

Dupuy l'interrompit :

— Les galons, tu sais, il s'en fout, il n'est pas de carrière; mais la taule, et peut-être le conseil de guerre, c'est autre chose.

— Au fond, dit l'homme, j'ai eu de la chance que ce poste ne soit pas commandé par un sous-officier de carrière, sinon, je serais sur la route à pousser ma moto.

— Ça, renchérit Morand, les mecs de carrière sont toujours plus vaches que les rappelés. C'est normal, c'est leur métier d'être vaches.

L'inconnu souriait. Ils parlèrent encore de la vie au poste. Morand expliqua comment ils repéraient le passage des avions et de quelle façon ils s'y prenaient pour adresser les messages qui permettaient aux villes d'être mises en état d'alerte. Ensuite, comme ils parlaient de la nourriture, Dupuy proposa du pain et du fromage que l'homme au manteau de cuir refusa.

— Alors, dit Morand, vous boirez bien un petit coup de marc.

— Non, non, dit l'homme, je vous remercie. A présent, je suis à peu près sec, je vais essayer de remettre ma moto en marche.

Mais Morand avait apporté la bouteille sur la table.

— Il n'en reste pas beaucoup, dit-il. C'est un colis que j'ai reçu de chez moi par une femme de mon pays qui est venue dans la région dernièrement.

L'homme voulut encore refuser, mais Morand lui tendit un quart en disant :

— Tenez, avec le froid qu'il fait, ça ne peut que vous faire du bien.

Lorsqu'il eut servi l'homme, il regarda la bouteille, flaira le goulot, parut hésiter un instant puis, avec un soupir, il la reboucha en disant :

— Le peu qui reste, on va le garder pour Picard, quand il rentrera, il va être frigorifié. Du moment qu'il est bon gars avec nous, faut qu'on soit chic aussi.

L'homme avait levé son quart.

— A votre santé, dit-il.

— A la quille, dirent les deux soldats.

Tandis que l'homme buvait, la sonnerie du téléphone se mit en branle et Dupuy décrocha le récepteur.

— Allô, dit-il, poste de guet 203, j'écoute.

L'homme s'approcha de Morand et murmura :

— Je vais m'en aller.

Morand regardait son camarade.

— Vous avez bien une minute, dit-il.

Dupuy devait avoir du mal à comprendre ce qu'on lui disait. Son visage était tendu, et de temps à autre, sa bouche grimaçait.

— Oui, disait-il. Oui... Et alors? Ah! Gaston Renaud! (Son visage s'éclaira.) Excuse-moi, vieux, je n'avais pas reconnu ta voix.

Il écouta un moment sans rien dire puis, soudain, son front se plissa de nouveau tandis qu'il lançait :

— Quoi? Un commandant en inspection?... Ben mon salaud. Tu aurais pu nous prévenir plus tôt. S'il est parti depuis deux heures, il va nous tomber sur le poil d'une minute à l'autre. Faut espérer qu'il a commencé sa tournée par l'autre bout du secteur.

Morand s'était approché. Il demanda :

— Qui est-ce, ce commandant?

— Paraît que c'est un nouveau, personne ici ne le connaît.

— Demande-lui qui il a comme chauffeur, si c'est un pote il ira doucement.

Dupuy transmit la question, se tut un instant puis demanda encore :

— Quoi, tout seul?

Son visage se tendit davantage, pâlit un peu pour devenir soudain très rouge tandis qu'il bégayait :

— Une moto... manteau de cuir... Non, non rien... Merci mon vieux.

Il raccrocha, et se redressa lentement. Son regard alla très vite de l'inconnu à Morand pour retourner à l'inconnu. Il eut encore un moment d'hésitation avant de se mettre au garde-à-vous. Les talons de Morand claquèrent l'un contre l'autre, et, c'est seulement en entendant ce bruit que Dupuy se souvint qu'il était pieds nus sur le carrelage froid.

L'inconnu fit un geste vague de la main en disant :

— Repos!

Morand et Dupuy bafouillèrent une explication que l'homme au manteau de cuir n'écouta pas.

— C'est très bien, dit-il. Je vois que tout le monde s'entend parfaitement dans ce secteur.

Il les dévisagea longuement l'un après l'autre, puis regarda le litre d'eau-de-vie, posé sur la table, le bouteillon de café sur le fourneau et la capote trempée qui fumait toujours. Il paraissait hésiter. Comme son regard revenait vers les soldats, Dupuy tenta d'expliquer :

— C'est que... On ne savait pas.

L'homme au manteau de cuir eut un sourire.

— Bien sûr, bien sûr.

— C'est à cause du sergent, dit encore Dupuy... C'est notre faute, c'est nous qui avons insisté pour qu'il vous laisse entrer.

L'homme eut encore un sourire et se dirigea vers la porte en disant :

— Je vais voir si ma moto veut repartir.

Il s'arrêta. Se retourna le temps d'ajouter :

— C'est exact, vous savez, j'étais vraiment en panne et j'ai fait plus d'un kilomètre à pied.

— On va vous aider, dit Morand.

— Non, non, restez à votre poste.

Il ouvrit la porte. Comme il allait sortir Morand s'avança :

— Monsieur, murmura-t-il... enfin mon, mon...

L'homme l'interrompit :

— Non, c'est cela... Vous avez raison. Ne cherchez pas. Vous n'avez vu personne ce soir. Votre guetteur de garde a seulement vu passer un homme avec un manteau de cuir et qui poussait une moto... Bonsoir.

Il referma la porte. Les deux soldats demeurèrent immobiles un moment, l'oreille tendue. Ils entendirent le sergent et l'homme qui s'entretenaient sans pouvoir comprendre ce qu'ils disaient. Il y eut ensuite le bruit de la motocyclette qui démarrait difficilement. Enfin le moteur décrut et disparut dans la tempête.

Lorsqu'ils revinrent près du poêle, les deux soldats se regardèrent en hochant la tête.

— Ben mon vieux, fit Dupuy.

— Ça alors, dit Morand.

Quelques minutes plus tard le sergent rentra.

— Je suis déjà trempé, dit-il, ça tombe de plus

en plus. Qu'est-ce qu'il va prendre, le pauvre mec, sur sa moto.

— C'est mon tour, dit Morand, en enfilant sa capote.

— Oui, va. Et ne reste pas trop. Dès que tu sens le froid, tu rentres. Vaut mieux changer plus souvent, sinon, on attraperait la crève comme rien.

Morand sortit, le sergent s'installa près du feu. Il demeura un moment immobile puis, tournant la tête, il remarqua le litre sur la table.

— Ah! dit-il, vous lui avez payé la goutte; vous avez bien fait, ça le réchauffera. Il ne vous a pas dit s'il allait loin?

— Non, fit Dupuy.

Le sergent eut un geste vague des deux mains, soupira et reprit :

— Tout à l'heure, quand j'étais sous la flotte, j'avais des remords en pensant à lui. Dire que je ne voulais pas le laisser entrer cinq minutes pour se chauffer... Ce qu'on peut être con, tout de même... Pour une question de règlement, on se conduirait comme le dernier des salopards.

Il hocha encore la tête et haussa les épaules en ajoutant :

— Et pourtant, qu'est-ce qu'on risque, quand on réfléchit bien... Qu'est-ce qu'on risque?

LE SOLDAT RAMILLOT

A Jacques PEUCHMAURD.

L'Angèle Garnier ouvrit la lucarne. Aussitôt, l'haleine fraîche de la nuit, soulevant les toiles d'araignées, coula comme une source dans la tiédeur immobile de l'écurie. Les bêtes remuèrent, encore mal éveillées. L'Angèle prit son trépied et se glissa entre le mur et le flanc rebondi de la Roussette qu'elle dut pousser de l'épaule pour la contraindre à faire un pas de côté.

— Ça te dérange que je vienne si tôt? Faudra t'y faire, ma vieille; moi non plus ça ne m'arrange pas.

La Normande leva le mufle, flaira sa mangeoire vide et se mit à ruminer. Déjà les jets de lait, rapides et réguliers, martelaient le fond du seau. Pesant du front sur le ventre de la bête, l'Angèle besognait en silence, les lèvres pincées.

Elle s'était levée plus tôt que d'habitude, et, si elle ne regrettait pas son sommeil perdu, elle en voulait à son homme de l'obliger de déranger ses vaches en avançant de près d'une heure le moment de la traite.

Le loquet tinta, la porte s'entrouvrit et une voix d'homme lança :

— Allez, au revoir!

Sans interrompre son travail, sans même lever la tête, l'Angèle mâchonna deux inintelligibles syllabes tandis que la porte se refermait. Quelques minutes s'écoulèrent avec juste le bruit du lait, moins métallique à présent, amorti par l'épaisseur de la mousse crémeuse. Puis, de l'autre côté de la cloison, un moteur hoqueta deux fois avant d'ébranler la maison d'une pétarade infernale. La Roussette regimba, mais l'Angèle se méfiait. Elle avait cessé de traire et tiré son seau à l'écart. La jument et les autres vaches sabotaient aussi, labourant leur litière, bousculant les bat-flanc et tirant sur leur chaîne.

C'était ainsi chaque fois. Jamais les bêtes ne s'habitueraient à un tel tapage! Et leur agitation s'accrut encore quand le tracteur passa devant la lucarne. L'Angèle en profita pour lancer un « saloperie du diable! » qui la soulagea un peu.

Dès que l'engin eut tourné l'angle de la ferme, son crachement diminua pour n'être plus, bientôt, qu'un ronron intermittent. Il devait grimper la côte sinueuse de Geruge, s'enfonçant comme une taupe dans l'épaisseur de la nuit.

L'Angèle revint près de la Roussette qu'elle flatta de la main.

— Toi non plus, t'aime pas ça, hein! T'en fais pas, y s'en va. Nous voilà tranquilles pour trois jours.

Elle s'assit de nouveau et bougonna encore :

— Trois jours, ouais. Avec tout l'ouvrage sur les reins; si c'est pas un malheur!

L'Angèle n'était pourtant pas femme à redouter la besogne. Grande et puissamment charpentée, bien en chair avec juste ce qu'il fallait de graisse pour tenir les muscles au chaud, que ce fût à la charrue ou à la fourche, elle ne craignait personne. Venue au monde, comme elle disait, le nez au cul des vaches, elle en avait vu de rudes. Elle portait pourtant ses trente-huit ans sans un fil blanc dans sa chevelure châtain, et son corsage bien rempli pouvait encore attirer le regard de bien des jeunes.

Non, l'Angèle ne rechignait pas à la tâche. Et si le départ de son homme l'exaspérait, ce n'était pas à cause des deux voitures de foin qui restaient sur le pré. C'était plutôt pour le principe : quand un homme se met à négliger son ouvrage pour aller faire celui des autres!...

Il avait fallu cette sacrée guerre, aussi, pour tout gâcher! C'était là que Jules s'était mis dans la tête cette idée de moteurs. Depuis son retour, il ne voyait que ça. A croire qu'il regrettait ses tanks et tout son fourbi de camions! Tout l'argent économisé par l'Angèle durant quatre ans n'avait pas suffi à payer le tracteur. On avait emprunté, et maintenant il fallait rembourser. Alors, comme Jules était le seul « motorisé » du canton, il se louait constamment avec son matériel, si bien qu'il était sans cesse par monts et par vaux.

Dès qu'elle eut achevé de traire ses trois vaches, l'Angèle emplit de foin les râteliers, puis elle se mit en devoir d'étriller la Noire

Elle se hâtait afin que tout fût terminé quand le soldat arriverait.

Le soldat! Ça aussi c'était une idée de Jules. Bien sûr, en pleine fenaison, il ne fallait pas compter sur les hommes du village. Jules le savait fort bien mais n'avait pas pour autant renoncé à partir. Sans se faire de souci, il était allé trouver l'officier qui commandait le détachement cantonné dans le village pour la durée des manœuvres. Il avait demandé un volontaire. Comme à la guerre. Seulement là, il ne s'agissait plus de se battre, ce qui est à la portée du premier venu. Il fallait rentrer du foin. Et ça, tout le monde ne sait pas le faire. Et l'Angèle se demandait ce que pourrait bien valoir ce soldat avec une fourche dans les mains.

Lorsqu'elle quitta l'écurie, le soleil était encore terré à l'est, mais un premier rayon mordillait déjà la tignasse frangée d'or du coteau. Elle interrogea le ciel. Bon. A moins d'un orage, le beau tiendrait.

L'Angèle se dirigeait vers la cuisine lorsqu'un bruit de pas l'arrêta. Le soldat tourna l'angle du mur et entra dans la cour.

— C'est ici la ferme Garnier?

L'Angèle fit oui de la tête. Tandis que le soldat avançait, elle le soupesa du regard avant de lui dire de la suivre.

Il ne devait pas peser bien lourd, le gaillard. Une tête de moins qu'elle, et sec comme un coup de trique! Bah! On verrait bien. La corpulence, ça ne veut rien dire. Il était à l'heure, c'était déjà bon signe, et du moment que Jules avait affirmé qu'il s'agissait d'un cultivateur, on pouvait au moins espérer qu'il serait capable de « monter » la voiture.

Aussitôt dans la cuisine, l'Angèle envoya rouler à terre d'une chiquenaude la chatte qui venait de grimper sur la table. Elle posa son seau de lait, puis s'en fut jeter une poignée de sarments sur le feu. La cuisinière haute sur pattes allongea vers le plafond une langue alerte que l'Angèle rabattit du fond de sa casserole.

— Vous allez manger un morceau, dit-elle.

— C'est pas de refus, acquiesça le soldat qui

déboucla son ceinturon et le suspendit au dossier de sa chaise avant de s'asseoir.

Les deux coudes sur la table, il fit du regard le tour de la pièce tandis que l'Angèle posait devant lui une assiette, une cuiller et un verre. Elle sortit du placard une tranche de lard, la moitié d'une miche et un litre de vin, puis elle retourna se planter devant son fourneau. Le soldat examina un instant son dos large, sa taille à peine marquée et sa croupe qu'on devinait ferme sous la jupe de toile bleue.

— Alors, demanda-t-il, le patron est parti?

Sans se retourner, l'Angèle approuva d'un oui incolore.

— Je sais, reprit le soldat, j'ai entendu son tracteur.

Tenant d'une main sa casserole fumante, l'Angèle marcha lentement jusqu'à la table et versa la soupe dans l'assiette.

Posément, toujours accoudé, l'homme commença de manger. L'Angèle disparut quelques minutes, puis vint s'installer au bout de la table et se mit à éplucher des pommes de terre.

Dès qu'il eut achevé sa soupe, le soldat tira son couteau de sa poche et prit un morceau de lard qu'il posa sur une large tranche de pain. Il coupait alternativement un cube de lard et une bouchée de pain qu'il mâchait avec application, sans se presser, mais non plus s'arrêter.

Il se versa ensuite un verre de vin qu'il but à moitié avant de sortir sa blague à tabac.

— Le patron, il a l'air de les aimer un peu, les tracteurs, dit-il.

L'Angèle haussa les épaules.

— Ouais.

Occupé à rouler son tabac, l'homme ne remarqua pas ce mouvement.

— Faut dire que ça rend service.

L'Angèle ne répondit pas immédiatement. Elle s'arrêta de peler sa pomme de terre et leva les yeux en direction de l'homme. La tête inclinée, la cigarette au coin de la bouche et l'œil gauche à demi fermé, il essuyait la lame de son couteau entre son pouce et son index.

— En tout cas, dit-elle, on a fait sans ça; et l'ouvrage n'allait pas plus mal. Même pendant la guerre, quand mon homme n'était pas là, j'ai beaucoup fait avec le cheval, et les terres n'ont pas enduré.

La voix était sèche, les mots bien détachés. Le soldat leva la tête et vit que le regard de la la femme s'était durci.

Un instant, ils demeurèrent sans mot dire, à se dévisager, la lame en suspens, presque hostiles. Puis le soldat referma son couteau et le remit dans sa poche.

— Moi, vous savez, dit-il après avoir vidé son verre, ces choses-là, j'en cause comme ça, manière de dire. Chez nous, c'est tout du vignoble en coteaux, alors, les tracteurs, vous comprenez, on craint pas d'en avoir dans le pays.

L'Angèle épluchait une dernière pomme de terre. Elle la jeta dans sa bassine qu'elle porta sur l'évier. Quand elle revint à la table pour débarrasser les épluchures, le soldat qui s'était levé ajouta :

— Et puis, moi, de toute façon, j'aime pas les moteurs.

Debout près de la porte, l'Angèle nouait un foulard autour de ses cheveux qu'elle relevait d'une main, découvrant une nuque large et bronzée. Déjà ses yeux paraissaient s'adoucir.

— Allons, fit-elle, faut y aller, la rosée va être levée.

Elle mit un litre de vin dans un cabas et ouvrit la porte.

Loin de la colline, le soleil montait, blanchissant toute une moitié de ciel.

La Noire détachée sortit de l'écurie et vint d'elle-même se placer devant le grand char à ridelles. L'Angèle la fit reculer entre les brancards. Le soldat caressa l'encolure de la bête et commença d'atteler. Sans lâcher la bride, l'Angèle suivait les mains de l'homme. Elle était prête à dire : « Non, plus haut, la sous-ventrière. Un cran de moins au reculement. » Elle n'eut rien à dire. Le soldat avait le geste sobre et précis de celui qui connaît les bêtes et le harnais.

Une fois fait, ils montèrent tous deux sur le devant du char et s'assirent côte à côte, les jambes ballantes. L'Angèle secoua légèrement les guides; la Noire prit le pas et s'engagea dans le village.

Près de la fontaine, quelques soldats, torse nu, se lavaient dans des seaux de toile. L'un d'eux leva la tête le temps de crier :

— Hé, les gars, visez Ramillot. On peut pas dire qu'il les prend au berceau!

Le soldat Ramillot haussa les épaules et regarda la femme. Elle n'avait pas bronché. Droite, les poignets posés sur ses cuisses, elle tenait ferme les lanières de cuir, fixant des yeux la croupe de sa jument. Dès qu'ils eurent passé la dernière maison, la bête prit un beau trot long et régulier. Le char menait trop grand bruit sur le mauvais goudron de la route pour qu'une conversation fût possible. D'ailleurs, l'Angèle n'avait pas envie de bavarder. Pourtant, au bout d'un moment, se tournant du côté du soldat, elle demanda :

— Vous dites que c'est tout du vignoble par chez vous?

— Oui.

Elle hésita un temps, puis demanda encore :

— Vous faites même pas du fourrage pour vous?

Le soldat la regarda en souriant.

— Si, le foin, le blé, les patates, mais juste ce qu'il nous faut.

L'Angèle parut rassurée.

Dans les prés râtelés, des deux côtés de la route, les moyettes de foin s'alignaient. Partout l'herbe était rase; déjà bleutée sur place, émaillée de rosée dans les bas-fonds et le long des haies.

Ils roulèrent une bonne demi-heure, puis la Noire reprit le pas pour s'engager dans un chemin de terre bordé d'aubépines dont les rameaux s'agrippaient aux planches du char. Enfin, par une trouée, ils entrèrent sur le pré. Aussitôt le soldat sauta et suivit le char qui avançait presque sans bruit, avec simplement un grincement de ses jointures quand une vague de terrain le faisait tanguer un peu fort. Tandis que l'Angèle conduisait l'attelage à l'autre bout du pré, le soldat prit le sac et se dirigea vers la haie. Comme il cherchait un endroit frais où glisser le litre de vin, il y eut un remuement de feuilles et le corps souple d'une vipère ondula un instant avant de disparaître sous une touffe de ronces. L'homme eut un mouvement de recul, puis, se reprenant aussitôt, il chercha autour de lui. Il n'y avait ni pierre ni gourdin, et puis, la vipère devait être loin. Il fit quelques pas le long de la haie, découvrit un endroit qui lui sembla bien abrité du soleil et tâtonna du pied avant de poser la bouteille. Il la recouvrit d'une poignée d'herbe et retourna vers la voiture.

— Je viens de voir une vipère dans la haie, dit-il.

L'Angèle avait déjà la fourche à la main.

— Vous l'avez tuée?

— Non, je n'ai pas eu le temps.

Il prit une fourche et, regardant la femme, il demanda :

— Qu'est-ce qu'on fait, on va pas charger maintenant?

L'Angèle passa la main sur le flanc de la meule de fourrage qui regardait vers l'ouest et n'avait pas encore pris le soleil.

— Si, dit-elle, la rosée est tombée, on peut charger.

L'homme haussa les épaules, planta son outil dans l'herbe sèche comme s'il allait attaquer la besogne, puis il arrêta son geste et dit encore :

— Moi ce que j'en dis, ça ne me regarde pas; mais j'ai jamais vu rentrer du foin encuché de la veille sans lui faire prendre l'air.

L'Angèle parut à la fois satisfaite et contrariée. Elle avait plaisir à constater que ce soldat connaissait son affaire, mais elle regrettait que l'absence de Jules la contraignît à bâcler son travail.

— Sûr que ça lui ferait du bien, avoua-t-elle. Mais j'y peux rien, faut que tout soit rentré ce soir, demain je serai seule.

Le soldat fit lentement un tour sur place, évaluant le travail, puis il regarda la femme comme s'il voulait évaluer sa force. Après un bref instant d'hésitation, serrant les dents, il empoigna sa fourche et se mit à ouvrir la moyette, éparpillant le foin à gestes larges.

— On l'étend pas, lança-t-il, mais on ouvre les

cuchots en vitesse. Les jours sont longs, on fera...
Vous verrez.

L'Angèle n'avait pas attendu. De son côté elle
besognait ferme. Malgré l'effort qui tendait ses
traits, ses lèvres ébauchaient un sourire. Tout en
travaillant, elle observait l'homme à la dérobée.
Il avait un beau mouvement souple du buste pour
accompagner le balancement des bras. On sentait
que le manche de frêne était ferme entre ses
mains.

En moins d'une heure tous les tas étaient éven-
trés. Arrivés au bout du pré ils se regardèrent.

— Ça tape dru, fit le soldat en passant son
avant-bras sur son front ruisselant.

— Oui, approuva l'Angèle avec un regard
inquiet vers le ciel, ça serait de l'orage pour tantôt qu'il n'y aurait rien d'étonnant.

— Vous tracassez pas. On aura tôt fait. On
peut commencer à charger de l'autre bout.

Ils retournèrent vers la voiture, prirent le
temps de souffler un moment et se mirent à
charger. Après le premier « cuchot » l'Angèle
empoigna la bride et conduisit la Noire jusqu'au
suivant. Le soldat marchait derrière, traînant son
outil sur le pré. Quand l'Angèle se retourna, elle
vit qu'il jetait sur la voiture une fourchée d'herbe
ramassée ainsi au cours du trajet. Rien que ça,
ce petit détail de rien du tout aurait suffi. C'était
assez pour permettre de dire : « En voilà un qui
est de la terre. »

Après la troisième halte, le plancher de la voiture était entièrement recouvert. Il fallait monter. L'Angèle hésita un temps puis elle demanda :

— Vous aimez mieux charger ou faire la voiture?

Elle n'eût pas posé cette question à son homme
ou à un valet, mais le soldat n'était pas de la mai-

son. Il était venu pour rendre service. De plus, petit comme il était, il n'aurait pas autant de facilité qu'elle pour envoyer le foin lorsque le chargement atteindrait une certaine hauteur. Etonné, l'homme regarda l'Angèle.

— Montez, dit-il, dans mon pays c'est pas aux femmes de rester en bas.

Elle empoignait déjà le montant de la ridelle quand il se reprit :

— Dites donc, des vipères, il y en a beaucoup par ici?

Tout d'abord, l'Angèle ne vit pas pourquoi il posait cette question, puis, comme il regardait la voiture, elle comprit. Elle grimpa pourtant sur le char et, une fois debout dans l'herbe sèche qui lui montait jusqu'aux genoux elle répondit :

— Y en a pas mal, oui.

— Alors, laissez ça, j'y vais.

L'Angèle crut remarquer que le soldat rougissait un peu en disant cela.

— Non, lança-t-elle, vous inquiétez pas, j'ai l'habitude.

Se baissant elle commença d'égaliser le fourrage sur les bords du plancher. Elle le saisissait à grosses brassées, les mains bien ouvertes, sans hésiter; peut-être bien un peu pour montrer qu'elle n'avait pas peur.

Après un temps, elle dit encore :

— Vous savez, c'est tout de même rare qu'on en lance sur la voiture. Elles se sauvent plutôt.

Le soldat ne répondit pas. Il continuait son travail toujours à une cadence égale. Il avait l'œil, le garçon! Pas besoin de lui dire : « Par ici, par là. » Ses fourchées arrivaient toujours au bon endroit, là où il y avait un trou.

Penchée en avant, l'Angèle arrangeait l'herbe au fur et à mesure. Lorsqu'il levait la tête pour accompagner le mouvement de son outil, le soldat apercevait, par l'échancrure de son corsage, une coulée d'ombre bleutée entre les gros seins blancs de la femme. Il ne ralentissait pas pour autant son allure.

Il y avait un bon quart d'heure qu'ils besognaient ainsi sans mot dire, lorsque l'Angèle, suivant toujours son idée de la vipère, demanda :

— Et par chez vous, ça se voit des gens qui sont piqués en montant une voiture?

— Non. Mais faut dire qu'on fait si peu de foin... Pourtant, paraît que ça peut arriver.

— Ici, il y a deux ans, notre voisine a été piquée au bras.

Le soldat lança encore deux fourchées, fit avancer la jument puis, regardant l'Angèle il dit :

— Enfin, si vous voulez que je monte, c'est de le dire.

Il attendit quelques secondes, et, comme la fermière ne bougeait pas, il se remit à la tâche.

Quand ils eurent achevé leur chargement, ils revinrent au pas. L'Angèle tenait la Noire par la bride; le soldat suivait la voiture, fourche en main, prêt à soutenir le chargement s'il menaçait de verser lorsqu'une roue s'engageait dans une ornière.

A midi la première charretée était au grenier. Là, c'était l'homme qui était monté sur la voiture pour passer le foin à l'Angèle. Il faisait aussi chaud à l'ombre sous les tuiles qu'au gros soleil et lorsqu'elle rejoignit le soldat dans la cour, la fermière était cramoisie. Elle quitta pour le secouer son foulard couvert de poussière. Penchée en avant, l'homme frottait de la main ses cheveux noirs et crépus où des brins d'herbe demeuraient accrochés. La sueur leur brûlait les yeux, mais, quand ils se regardèrent, sans bien savoir pourquoi, ils se mirent à rire tous les deux. Ils s'essuyèrent le front du revers de la main, puis entrèrent dans la cuisine. Là, avec les volets tirés, il faisait frais.

L'Angèle mit à boire sur la table et emplit pour elle un verre où elle versa autant d'eau que de vin. Le soldat en fit autant.

— C'est pas parce que je bois de l'eau qu'il faut en boire aussi, dit-elle.

— Non, mais moi, quand j'ai chaud, le vin m'empâte la bouche.

Elle sourit, puis elle dit :

— Ça alors! On n'a pas pensé de boire, au pré. Et le litre est resté dans la haie.

— C'est égal, dit le soldat, il sera là-bas pour tantôt.

Ils rirent encore tous deux, puis, tandis que l'Angèle commençait à préparer le repas, le soldat alla voir les bêtes et le verger.

Quand il revint, le couvert était dressé. Sur la cuisinière, un lapin cuit de la veille mijotait en soufflant une bonne haleine de thym et de laurier. Pourtant, malgré le feu, la cuisine conservait une certaine fraîcheur.

Ils prirent place l'un en face de l'autre, et, pendant tout le repas, ils s'entretinrent des bêtes et de la terre. L'Angèle était heureuse. Mais elle ne s'en apercevait pas, car il était naturel qu'elle parlât ainsi des choses qu'elle aimait. Le soldat paraissait les aimer autant qu'elle, et cela aussi était naturel.

Dès qu'ils eurent bu le café et la goutte, elle demanda au soldat s'il préférait retourner au foin tout de suite pour terminer de bonne heure, ou se reposer le temps qu'elle fasse la vaisselle. Il dit que rien ne pressait et qu'il allait fumer une cigarette sous le tilleul de la cour en l'attendant.

Il sortit, mais revint presque aussitôt.

— Le temps se gâte du côté des Alpes, dit-il, vaudrait mieux qu'on tarde pas trop.

L'Angèle laissa la bassine et le suivit. Ils dépassèrent l'angle de la maison. Là-bas, au fin fond de la plaine bressane d'où montait une buée de chaleur, de gros nuages écrasaient l'horizon. Leurs dos bosselés étincelaient mais ils semblaient immobiles, accrochés à la ligne bleutée des montagnes.

Les deux poings sur les hanches, clignant des yeux, l'Angèle les observa un temps avant de dire :

— Ça peut tourner sur le nord, mais vaut mieux se méfier. Si le vent se levait, ça serait vite là.

Ils avaient à peine chargé la moitié de la voiture que déjà le premier souffle de vent était sur eux. Un vent chaud et âcre, mais qui les rafraîchit pourtant en activant l'évaporation de la transpiration qui collait à leurs corps leurs vêtements trempés. De temps à autre, sans s'arrêter, ils interrogeaient le ciel tout au bout de la plaine.

D'abord, les nuages avaient paru trop lourds pour se détacher de la terre. Puis, lentement, ils s'étaient mis en marche. Accélérant peu à peu son allure, leur masse musculeuse, tachée d'ombres profondes, envahit bientôt toute une moitié du ciel.

Le soldat lançait plus vite ses fourchées de foin et l'Angèle allait à grands pas d'un bord à l'autre du char, toujours avec de l'herbe sèche plein les bras. Elle en avait partout, dans son corsage, sous sa jupe, dans le cou, elle n'avait même pas le temps de se gratter. Le foin était chaud, le vent était chaud, le soleil se hâtait de brûler avant l'arrivée des nuages. Et tous deux se démenaient dans cette fournaise sans ressentir aucune fatigue. C'était le soldat qui donnait le rythme du travail. L'Angèle suivait. Ils étaient deux machines bien réglées. Ni l'un ni l'autre ne parlait, mais, quand leurs regards se rencontraient, ils souriaient.

Chaque fois que la voiture devait être déplacée, le soldat courait, tirant par la bride la Noire qui allongeait le pas. Puis le foin se remettait à voler dans le vent chaud. De temps en temps l'Angèle criait :

— Ho là! La Noire!

Car les mouches devenaient mauvaises à mesure que l'orage approchait et la bête se mettait en marche sans commandement.

Lorsqu'ils furent de retour à la ferme, le soleil avait disparu. Il ne restait plus, au nord-ouest, qu'une bande de ciel bleu entre l'ourlet neigeux des nuages et la crête dentelée des collines.

L'Angèle n'avait pas encore fini de dételer que le soldat était déjà sur la voiture. Ce n'était pas le moment de traîner et laisser mouiller la récolte à la porte du grenier. Les trois quarts du foin étaient engrangés lorsque les premières gouttes, larges comme des culs de bouteille, se mirent à tomber. L'Angèle les entendit crépiter sur les tuiles.

— Ça commence, cria le soldat.

Au loin, le tonnerre roulait.

L'Angèle sauta de la lucarne sur la voiture. Elle tomba assise dans l'herbe sèche et ils se mirent à rire tous les deux, puis le soldat la prit par le poignet pour l'aider à se relever.

A eux deux, alternant leurs gestes, ils parvinrent à bourrer dans le grenier tout ce qui restait sur le char.

Et, comme si elle avait attendu que la dernière fourchée fût à l'abri, l'averse creva d'un coup au moment où le soldat, déjà dans la cour, tendait la main à l'Angèle. D'un bond ils furent dans la grange. Là, une fois encore ils se mirent à rire en se regardant. Puis, levant le poing vers le ciel zébré d'éclairs violets, le soldat cria :

— Tu peux y aller maintenant, on t'a possédé.

Ils soufflèrent un instant, les mains sur les hanches, le nez au ras du rideau de pluie comme pour narguer le temps. Puis, comme il venait de sentir un frisson courir sur son dos, le soldat quitta sa chemise plus mouillée de sueur que de pluie. L'Angèle le regarda. Il était maigre, mais ses muscles longs couraient sous sa peau blanche. Sur sa poitrine il avait une touffe de poils noirs d'où montait un triangle bronzé. Ses avant-bras aussi étaient tannés par le soleil.

L'Angèle éprouvait une curieuse impression de gêne à se trouver tout habillée devant un homme à moitié nu. Elle détourna les yeux.

— Vous devriez aller vous changer, dit-il.

Elle disparut puis revint bientôt et tendit au soldat une chemise d'homme qui fleurait bon les plantes des champs. Ils restèrent encore un temps à regarder l'eau qui ruisselait dans la cour, emportant le foin tombé de la voiture.

— Vous devriez vous changer, répéta le soldat.

L'Angèle ne répondit pas tout de suite. Elle était bien, là, coude à coude avec lui. Une torpeur agréable l'envahissait, endormant la fatigue de son corps. Les bouffées d'air chaud qui venaient

216

du dehors sentaient la terre mouillée. Ce parfum se mêlait à l'odeur du foin et des corps en moiteur.

— Vous allez prendre froid.

L'Angèle sourit. Jamais personne ne s'était soucié d'elle.

— Je vais y aller, dit-elle.

— Moi, dit le soldat, je vais déblayer là-haut.

— Bon. Pendant que vous ferez, je donnerai aux bêtes et je mettrai chauffer pour nous.

Elle le regarda gravir lentement les degrés de l'échelle. Puis elle ouvrit la petite porte qui donnait directement dans la cuisine en pensant qu'elle mettrait son corsage bleu. Celui du dimanche.

Le plus gros de l'orage passa pendant qu'ils étaient à table.

Quand ils se levèrent, la pluie avait cessé et le tilleul s'égouttait. Le ciel roulait encore des nuées lourdes. Il faisait presque nuit.

L'Angèle voulut voir si son potager n'avait pas trop souffert car il était tombé quelques grêlons. Ils prirent à gauche de la maison et s'engagèrent côte à côte dans l'allée étroite.

Longtemps ils marchèrent en silence entre les carrés de légumes. Des courtilières s'appelaient. Le vent n'avait plus que de brefs sursauts. Le ciel s'alourdissait encore, escamotant le crépuscule.

Au retour, la nuit était si dense que le soldat trébucha en passant le portillon. L'Angèle le retint par le bras. Ils firent deux pas ainsi, puis elle s'arrêta et se tourna vers lui. Il se tourna aussi et sentit qu'elle l'attirait contre elle.

Il faisait lourd, dans la chambre. Mais la pluie qui, depuis plus d'une heure, s'était remise à tomber poussait par la fenêtre ouverte des bouffées de nuit fraîche. De temps à autre, très loin, un éclair rayait le ciel. Longtemps après, le roulement du tonnerre arrivait, à peine plus fort que le bourdonnement incessant de l'eau sur le toit.

L'Angèle et le soldat étaient allongés côte à côte sur le lit. Immobiles, sans un mot, ils écoutaient la nuit. Leurs corps nus encore moites étaient rompus de fatigue.

Ils s'étaient aimés deux fois. Ils n'avaient pas envie de dormir.

Après la deuxième fois, l'Angèle avait murmuré simplement :

— C'est que j'ai plus mes vingt ans, moi.

Le soldat l'avait embrassée. Il avait posé sa main sur sa poitrine haletante en disant :

— Pour moi, c'est comme si tu les avais encore.

L'Angèle avait laissé aller un gros soupir et, depuis, ils étaient ainsi, l'un contre l'autre, sans bouger.

Un long moment passa, avec juste le bruit monotone de la nuit. Puis, le soldat qui commençait à s'assoupir eut un brusque sursaut. D'un bond l'Angèle fut debout.

— C'est la grille, souffla-t-elle.

Le soldat ne bougea pas. Il avait beau écarquiller les yeux, il ne distinguait rien. Seul un éclair bleuté lui permit d'entrevoir la silhouette de l'Angèle qui se penchait à la fenêtre.

La grille fut secouée de nouveau et une voix monta de la nuit.

— Ho! Angèle!

L'Angèle hésita, puis :

— C'est toi? cria-t-elle.

— Oui. J'ai cassé une attelle du tracteur. Descends vite, je suis rincé.

— J'y vas.

Le soldat s'était levé. A tâtons il cherchait ses vêtements épars sur le plancher. L'Angèle s'approcha de lui. Leurs corps se touchèrent : elle avait froid. Elle colla ses lèvres contre son oreille.

— T'as toutes tes affaires? murmura-t-elle.

— Oui.

Elle enfila sa chemise puis elle lui prit la main.

En descendant l'escalier, elle lui expliqua qu'elle le conduisait dans la grange par la petite porte.

— T'attendras qu'on soit montés. Et puis t'auras qu'à t'habiller et filer en douce, je laisserai la grille ouverte.

Le soldat se coula dans la nuit épaisse et tiède de la grange. L'Angèle referma la porte sans bruit, chaussa ses sabots et s'en fut ouvrir à son homme.

Julien Garnier s'en alla bien avant l'aube, emportant dans un sac une attelle de rechange pour son tracteur. Il ne s'était guère inquiété du soldat, se bornant à demander si tout le foin avait pu être rentré avant l'orage.

Levée en même temps que lui, l'Angèle se mit à la besogne. Allant de la grange à l'écurie, de la cuisine au cellier, elle accomplissait machinalement les gestes quotidiens, mais sa tête était ailleurs. A vrai dire, elle n'avait guère fermé l'œil de la nuit. Et, depuis le retour inopiné de son homme, sa pensée ne s'était pas détachée du soldat. Elle n'avait qu'une pensée immobile; ou plutôt, il y avait simplement en elle l'image de ce soldat. Sa tête lui pesait un peu, mais une bonne

fatigue engourdissait ses reins. A demi somno-
lente, elle allait, avec toujours cette image du soldat devant ses yeux. Par instants, un semblant
de regret montait en elle, mais elle ne savait pas
s'il venait de ce qu'elle avait fait ou du départ
prématuré du soldat.

Soudain, l'idée lui vint qu'elle ne lui avait pas
payé sa journée de travail. Pourrait-il revenir?
En ce moment, il devait être par les chemins, sac
sur le dos et fusil à l'épaule. Et, de l'imaginer
ainsi, son regret se précisa. Ce n'était pas tellement pour elle qu'elle eût aimé le voir là. Mais
pour lui, qui devait sentir aussi la fatigue lui serrer les reins. Bien sûr, lui, il avait vingt ans...
Presque malgré elle, l'Angèle se prenait à songer
que la place du soldat était ici, au milieu des
choses de la terre.

A midi, l'Angèle mangea peu et de mauvais
appétit.

Elle était à récurer la table de la cuisine quand
des souliers cloutés grattèrent le sol de la cour.
La brosse en suspens elle écouta. Ils étaient plusieurs à marcher. Elle posa sa brosse, essuya ses
mains à son tablier et s'avança jusqu'au seuil. Un
sergent et quatre soldats étaient là.

Elle ne les connaissait pas. Son cœur battait
bêtement.

Le sergent porta la main à son calot puis
demanda :

— C'est bien ici, la ferme Garnier?

Il posait la même question que le soldat, hier,
en arrivant.

— Oui, dit l'Angèle.

Elle hésita un peu, puis reprit :

— Oui, monsieur.

— C'est bien chez vous que le soldat Ramillot
est venu travailler hier?

L'Angèle hésita encore. Le soldat n'avait pas dit son nom. Jusqu'à présent, pour elle, il avait été simplement le soldat. Elle se rappelait seulement que lors de leur passage sur la place ses camarades l'avaient appelé Ramillot. Oui, c'était bien ça. Et puis il n'y avait pas à chercher, il ne pouvait s'agir que de lui. C'était simple. Et son cœur avait presque retrouvé son rythme normal lorsqu'elle demanda :

— Je parie qu'il vous envoie chercher sa journée?

Le sergent et ses hommes se regardèrent.

— Comment, sa journée?

L'Angèle avait retrouvé son sang-froid.

— Ben oui, dit-elle. Je l'ai pas payé, il devait venir chercher ses sous aujourd'hui.

— Ma foi, dit le sergent, ça ne me regarde pas. C'est lui que je viens chercher.

De nouveau, l'Angèle se troubla. Comme elle ne disait mot, le soldat ajouta :

— Il n'est pas rentré. Alors on le cherche.

Sur le moment, l'Angèle eut l'impression que ses jambes allaient la lâcher. Mais elle sut se reprendre assez vite pour affirmer que le soldat, après avoir mangé, était parti de chez elle vers les 10 heures du soir. Le sergent demanda si Ramillot n'était pas ivre et l'Angèle affirma, ce qui était d'ailleurs exact, qu'il n'avait pas bu plus d'un litre de vin au cours de la journée.

Le sergent remercia, salua et s'en fut avec ses hommes.

L'Angèle rentra, acheva de laver sa table et se fit chauffer un grand bol de café. Pendant un bon moment elle demeura assise, essayant de réfléchir. Elle se sentait mal à l'aise sans parvenir à comprendre pourquoi.

Jusqu'à près de 4 heures elle tourna dans la

maison, empoignant une chose après l'autre, sans pouvoir se livrer à une besogne sérieuse. Puis, d'un coup, l'idée lui revint du litre de vin resté dans la haie, au bord du pré. Avec l'orage ils avaient complètement oublié de le reprendre. Elle y pensa un bon moment puis elle se jugea stupide. Ce litre n'avait rien à voir avec la disparition du soldat. Le soldat Ramillot. Maintenant, elle ne l'appelait plus « le soldat », mais « le soldat Ramillot ».

Cependant, bien qu'elle se répétât constamment que cette idée était absurde, sa pensée ne pouvait plus se détacher du litre de vin oublié dans la haie. De toute façon, il faudrait bien aller le chercher, tôt au tard. Il y avait le litre, le vin et le cabas. Un cabas de toile cirée qui pouvait encore faire bien de l'usage. L'Angèle retourna cette idée dans sa tête pendant plus d'une heure, puis elle se dit que rien ne l'empêchait de se rendre au pré dès à présent.

Elle noua donc un foulard sur sa tête, alla jusqu'à la porte et s'arrêta. Le jour baissait déjà mais le soleil était encore chaud. L'Angèle resta plantée sur le seuil quelques minutes, ôta son foulard et rentra.

Au moment de sortir, il lui avait semblé soudain que tout le village attendait sa venue. Qu'on allait la guetter, la suivre des yeux, dire qu'elle n'était pas étrangère à la disparition du soldat Ramillot.

Elle n'avait pas peur, pourtant elle alla fermer la porte. Puis, pour ne pas rester inactive, elle se mit à égrener des haricots.

Elle en avait empli un bol aux trois quarts lorsque des pas traversèrent la cour. L'Angèle ne bougea pas. On frappa.

— Oui, dit-elle en se levant.

La porte s'ouvrit. Ils étaient deux, cette fois. Le sergent de tout à l'heure et un lieutenant. Ils saluèrent et le lieutenant s'excusa de déranger. Il voulait simplement qu'on lui précisât très exactement l'heure du départ du soldat Ramillot.

— A peu près 10 heures, dit l'Angèle.

— Quand vous dites « à peu près », est-ce que c'est avant ou après 10 heures?

— ...

— Vous comprenez, c'est important. Le dernier train qui s'arrête ici est à 22 h 16. D'après vous, est-ce qu'il pouvait le prendre?

L'Angèle réfléchit un instant. Puis, sans raison très précise elle répondit :

— Ma foi, il me semble que oui.

Le lieutenant remercia. Et, comme il allait prendre congé, l'Angèle demanda :

— Vous croyez qu'il a pris le train?

Elle savait pourtant bien où se trouvait le soldat, à l'heure du train, mais cette question lui était venue aux lèvres toute seule.

— On ne sait pas, déclara le lieutenant. Le chef de gare n'a délivré aucun billet pour ce train-là. Mais ça ne prouve rien, Ramillot a pu monter dans un wagon de queue sans être vu.

Le lieutenant pouvait avoir une trentaine d'années. Il était grand et mince, le visage maigre avec un long nez et de grosses lunettes. L'Angèle pensa qu'il avait une tête d'instituteur et l'air d'un brave homme. Il ne manifestait aucune colère. Simplement il paraissait très ennuyé.

— Qu'est-ce que vous allez faire? demanda-t-elle.

— On va poursuivre les recherches. Si on ne le retrouve pas, dans vingt-quatre heures il faudra le porter déserteur. On a téléphoné dans son pays, ils ne l'ont pas vu.

L'officier demanda encore si Ramillot n'était pas ivre. L'Angèle répéta ce qu'elle avait dit au sergent.

— D'ailleurs, précisa le lieutenant, le contraire me surprendrait, il ne buvait pas. C'était un bon soldat, mais il a pu prendre un coup de cafard.

Il se tourna vers la porte et ajouta, comme se parlant à soi-même :

— Il y a huit jours, on lui avait refusé une permission agricole, à cause des manœuvres.

Il eut un geste d'impuissance de ses deux grands bras, salua, remercia en s'excusant encore et sortit suivi du sergent.

Après le départ des deux hommes, l'Angèle reprit tout son aplomb. Cette visite l'avait partiellement soulagée. Si l'on n'avait pas retrouvé le soldat, du moins ne semblait-on pas disposé à lui attribuer la responsabilité de sa disparition. Elle sourit même en pensant au souci qu'elle s'était fait pour son cabas oublié dans la haie. Il était trop tard pour qu'elle allât le chercher ce soir, mais elle se promit d'y aller dès le lendemain matin. Pour l'instant, il fallait soigner les bêtes et procéder à la traite.

Comme il ne restait pas suffisamment de foin à la grange, l'Angèle monta au grenier. Elle alla jusqu'à la fenêtre qu'elle ouvrit pour se donner du jour. Puis elle se retourna pour prendre une fourche, mais son geste ne s'acheva pas. Le soldat était là.

Torse nu, pieds nus, avec juste son pantalon de treillis kaki, il était couché en chien de fusil, à même le plancher et face au tas de fourrage. Une de ses mains tenait une poignée d'herbe, l'autre semblait serrer son cou.

224

Sur le moment, l'Angèle sentit monter en elle une grande joie, puis, presque aussitôt, elle eut peur. Ce n'était pas possible qu'il fût encore endormi.

Lentement, l'Angèle s'approcha. A deux pas du corps elle s'arrêta. Le jour déclinait, on y voyait à peine.

— Oh... oh! petit, bredouilla-t-elle.

Elle avait dit « petit » parce qu'elle ne pouvait dire ni « soldat » ni « Ramillot ».

L'homme ne bougea pas. L'Angèle avança encore, presque à le toucher du pied. Elle se pencha. Il lui sembla que le visage du soldat était enflé et marqué de larges taches sombres.

Pour mieux voir sans être obligée de se pencher davantage, elle fit un pas de côté. Mais son pied heurta une chose molle qui roula. Elle sursauta. Son cœur se mit à battre une charge effrénée. Son regard chercha l'objet. C'était la veste et la chemise du soldat, roulées en boule et maintenues par le ceinturon.

D'avoir eu peur pour rien lui redonna un peu d'assurance. Revenue près du corps, elle se pencha de nouveau et avança la main. Mais, dès le premier contact avec la peau froide, elle la retira vivement.

Elle ne cria pas. Très vite elle redescendit l'échelle et se réfugia dans sa cuisine.

— Il est...

Même pour elle, même sans ouvrir les lèvres elle n'osait pas dire le mot.

Il n'entrait dans la pièce qu'un restant de jour plus triste qu'une aurore d'hiver. Pourtant, le ciel était encore clair et les premières étoiles restaient sans éclat.

L'Angèle tira les volets, ferma la fenêtre et la porte et demeura un bon moment debout dans l'obscurité, la main sur l'interrupteur avant de donner de la lumière.

Quand l'ampoule s'éclaira, la pièce parut étrangement vide. Jamais l'Angèle n'avait attaché d'importance au silence et voilà qu'à présent, elle n'osait plus faire un pas de crainte du bruit. Et c'était pourtant le silence qui l'oppressait le plus.

A plusieurs reprises elle frotta sa main nue sur son tablier comme si elle avait voulu se débarrasser du froid de cette peau qu'elle avait à peine frôlée du bout des doigts.

Enfin, elle s'approcha de la cuisinière. Il restait un peu de café. Elle le fit chauffer, le versa dans un bol, sucra et remua longuement. Elle porta le bol à ses lèvres, but une gorgée, puis, posant le bol sur la table, elle alla chercher le litre de marc.

Elle en versa la valeur d'un demi-verre à vin dans son café et avala le tout sans reprendre son souffle.

D'habitude, elle ne buvait pas de marc, ou à peine une goutte, pour trinquer. Elle se souvint qu'elle en avait pris un peu, la veille au soir, avec le soldat... le soldat Ramillot.

Le soldat Ramillot, celui qui était dans le fenil, couché sur le plancher, à moitié nu, au pied du tas de fourrage qu'ils avaient rentré ensemble.

Le soldat Ramillot que les autres avaient cherché toute la journée... Qu'ils cherchaient peut-être encore...

L'Angèle sentit que sa tête était brûlante. Elle passa sa paume sur son front, la regarda et fut effrayée de constater à quel point elle transpirait. Plus que pour rentrer ce foin... Le foin du grenier où était le soldat.

Se laissant tomber sur une chaise, elle s'accouda à la table.

Il fallait faire quelque chose. Si seulement son homme s'était trouvé là.

Nom de Dieu, non! Ce n'était pas le moment. Comment expliquer la présence du soldat dans le grenier?

A l'idée soudaine que Jules pouvait avoir cassé une autre pièce de son tracteur, elle s'affola. Il pouvait rentrer d'une minute à l'autre... Monter au fenil... Le lieutenant aussi pouvait revenir... Fouiller la maison. Est-ce qu'elle ne s'était pas troublée, tout à l'heure, en lui répondant? Voilà qu'elle ne se souvenait plus de ce qu'elle avait dit.

Elle se leva. Avec des gestes d'automate elle fouilla dans le bas du placard; en sortit la lanterne du break qu'elle eut du mal à allumer tant sa main tremblait. Elle y parvint pourtant et, sans savoir au juste ce qu'elle allait faire, elle monta au grenier.

Peu à peu une certaine lucidité lui revenait. La nuit étant maintenant tombée, son premier soin fut de fermer les volets de bois. Elle le fit sans bruit en songeant que c'était de là que, la veille, elle s'était laissé tomber sur la voiture. Le soldat lui avait tendu la main pour l'aider à se relever. Ils avaient ri tous les deux.

L'Angèle se retourna, constata que le soldat n'avait pas bougé, et, aussitôt, cette pensée lui fit hausser les épaules. La lanterne posée au milieu du grenier éclairait mal le dos du soldat. Sa lueur jaune tremblotait par instants, et la peau de l'homme semblait parcourue de frissons.

L'Angèle réfléchit quelques minutes, laissa aller un gros soupir et se dirigea vers le corps. Elle avança la main, hésita, et se tourna vers le paquet de linge. Débouclant le ceinturon, elle déplia la veste et la chemise. Le tissu était encore humide et l'odeur de transpiration parut vivre un instant. L'Angèle flaira. Il y avait une autre odeur aussi. Comme du vinaigre. Elle revint vers le corps, se pencha davantage et vit que la tête du soldat reposait dans une flaque répugnante. Approchant la lanterne, elle constata que l'homme avait vomi. Alors, elle recula d'un pas et demeura immobile un bon moment à se demander si elle n'allait pas vomir elle aussi. Elle dut faire un effort pour avaler une incroyable quantité de salive amassée dans sa bouche.

— Il faut, murmura-t-elle, il faut.

Elle revint vers le corps, empoigna le bras déjà raide et tira le soldat vers le milieu du grenier.

Elle comprit alors que le plus difficile était fait car, déjà, la froideur de cette peau qu'il lui fallait prendre à pleines mains lui répugnait moins. Mais elle sentit aussi qu'une faiblesse pouvait la reprendre d'un moment à l'autre, et qu'il fallait faire vite, sans s'arrêter.

Presque sans maladresse, elle parvint à déplier les membres du cadavre qui opposait pourtant une résistance qu'elle n'eût pas soupçonnée. Elle habilla le soldat tant bien que mal. Le plus pénible fut de lui mettre ses brodequins. Dès qu'elle eut terminé, elle tira le corps jusqu'à la trappe. Elle revint ensuite prendre sa lanterne, inspecta le grenier et constata qu'elle avait oublié le calot. Elle dut renoncer à le faire tenir sur le crâne du soldat et, après avoir cherché ce qu'elle pouvait bien en faire, elle le glissa entre le ventre de l'homme et son ceinturon.

Sans prendre le temps de souffler, elle descendit sa lanterne qu'elle posa sur le rebord du char et remonta chercher le corps. Debout sur l'échelle, le ventre appuyé contre les barreaux et la tête au ras du plancher, elle le tira par les pieds et le fit basculer sur son dos. Tandis qu'elle descendait lentement, s'agrippant d'une main au montant de l'échelle et ceinturant le cadavre de son bras encore libre, plusieurs fois la tête de l'homme heurta un barreau. Cela faisait un bruit sourd que décuplait l'angoisse de l'Angèle.

— Pauvre gosse, murmura-t-elle. Pauvre gosse.

Aussitôt dans la grange, elle posa le corps sur le char, la tête à côté de la lanterne. Là seulement, elle s'aperçut que le soldat portait à la joue droite une énorme boursouflure noire. D'un geste machinal elle éloigna la lanterne. Son estomac venait de se révulser à nouveau et un flot de bile lui montait à la gorge.

— Faut pas t'arrêter, Angèle, se répétait-elle... Après, tu pourrais plus.

Pourtant, avant de sortir, il fallait être certain que personne ne rôdait alentour. Entrouvrant à peine la porte, elle se coula dehors et resta un long moment immobile, le dos contre le vantail de bois.

Le ciel était étoilé, mais par bonheur, la lune n'était pas encore levée. Du côté du village quelques fenêtres éclairées, un feu de berger, très loin sur la colline; le reste était noir. Un soupçon de bise froissait en passant le feuillage du tilleul.

Rassurée, l'Angèle rentra, souffla la lanterne et chargea le corps sur son dos.

Lentement, s'arrêtant fréquemment pour prêter l'oreille, elle traversa le jardin. Son pied reconnaissait chaque aspérité du sol.

Arrivée devant la haie, elle hésita un temps. Puis après avoir répété dans un souffle : « Pauvre gosse... Pauvre gosse... », elle posa le soldat sur les aubépines et le poussa de l'autre côté. Il y eut un bruit mou.

L'Angèle transpirait toujours abondamment. Le

vent de nuit collait à son dos son corsage trempé, mais elle ne sentait pas le froid. Une fois déchargée du corps, elle s'aperçut que ses jambes tremblaient. Il fallait faire vite. Insensible aux écorchures elle enjamba la haie, laissant aux branches une partie de son tablier.

De l'autre côté, elle eut beaucoup de mal à recharger le corps sur son dos. Elle savait qu'en passant ainsi à travers champs elle devrait recommencer deux fois encore la même manœuvre, mais à aucun prix, elle n'eût osé emprunter le chemin.

Franchie la dernière haie, l'Angèle demeura plusieurs minutes accroupie dans le fossé, à côté du corps étendu dans les orties. A dix mètres devant elle, se trouvait le pont qu'elle devinait à peine bien que ses yeux se fussent habitués à l'obscurité.

La chanson de l'eau contre la pile était le seul bruit avec le murmure du vent dans les trois peupliers, sur la gauche.

L'Angèle soupira, aspira une longue goulée d'air frais, prit son fardeau à bras-le-corps et courut d'une seule traite jusqu'au milieu du pont. Là, sans hésiter, elle fit basculer le corps par-dessus la margelle de pierre. Il y eut un plouf sonore, le clapotement de quelques vagues contre la pile, puis la rivière reprit sa chanson monotone.

Appuyée des deux mains contre la pierre, l'Angèle regarda l'eau où seules quelques étoiles minuscules tremblotaient.

— Pauvre gosse, murmura-t-elle encore.

Puis elle se sauva en courant.

De retour à la ferme, l'Angèle avait dû traire les bêtes puis monter au grenier pour laver la flaque de vomissure du soldat. Ensuite, persuadée qu'elle ne parviendrait pas à trouver le sommeil, elle avait hésité longtemps avant d'aller se coucher. Pourtant, lasse de tourner dans sa cuisine et ne parvenant pas à se réchauffer, elle avait fini par se décider. Elle s'était d'ailleurs endormie assez vite, pour ne s'éveiller qu'à la pique du jour. Son lit était mouillé. Elle avait une forte fièvre.

Aussitôt en bas elle se força pour avaler un bol de soupe brûlante puis se fit du café sans chicorée.

Dès qu'elle eut fini de s'occuper des bêtes, il lui parut que sa fièvre diminuait. Ses idées devenant plus claires, elle se souvint que, la veille déjà, elle aurait dû mener les vaches au pré. Son homme le lui avait encore recommandé avant de partir.

— Tu y mettras les vaches sitôt le foin rentré, avait-il dit, je veux le retourner à l'automne.

Ce qui ennuyait l'Angèle, c'était la traversée du village. Pourtant, sur le coup de 9 heures, elle se décida. C'était nécessaire. Il fallait absolument que tout fût comme... comme si de rien n'était.

En arrivant là-bas, elle avait retrouvé toute sa lucidité. L'air et le soleil lui faisaient du bien. Elle pensa même à prendre son cabas resté dans la haie.

En revenant, elle rencontra le garçon du Juste Moinard qui, lui aussi, menait les bêtes à l'embouche.

— Bonjour l'Angèle.
— Bonjour le Louis.

Sa voix était assurée, très claire. D'ailleurs, plus elle allait, plus il lui semblait qu'elle reprenait vie.

En tournant le coin de la place, elle vit un

groupe important d'hommes et de femmes en conversation devant la fruitière. Sans s'en rendre compte, elle ralentit.

Elle était presque parvenue à leur hauteur lorsque l'Ursule Pichon l'aperçut. Aussitôt les langues s'arrêtèrent et toutes les têtes se tournèrent dans sa direction.

L'Angèle eut un instant de crainte, mais se ressaisit très vite et marcha vers le groupe.

Ce fut l'Usurle qui parla :

— Est-ce que t'es au courant, l'Angèle?

— De quoi?

— Le soldat qui était chez toi dimanche...

— Oui, il est parti. Je sais, son officier me l'a dit. Même qu'il est pas venu chercher ses sous.

— Ben, tu peux être tranquille, il ira pas.

L'Ursule marqua une pause avant d'ajouter plus bas :

— Il est mort.

L'Angèle se troubla juste ce qu'il fallait.

— Qu'est-ce que tu me dis? Il est mort?

De sentir qu'ils étaient tous là, à la regarder; qu'ils la soupçonnaient peut-être de quelque chose, l'Angèle eut envie de s'enfuir. Elle dut rassembler toutes ses forces pour continuer.

— Allons, mais c'est pas possible!

C'étaient les autres, maintenant, qui avaient l'air gênés. Ils s'y étaient mis à trois ou quatre pour lui expliquer qu'on avait retrouvé le soldat dans la Seille, accroché aux branches d'un buisson, deux cents mètres à peine en aval du pont.

— Tu sais bien, larmoya l'Ursule, juste en dessous votre champ de maïs.

L'Angèle évita le regard de la vieille. Elles n'avaient jamais pu se sentir toutes les deux.

— Alors, demanda-t-elle pourtant, il se serait noyé?

Ce fut encore l'Ursule qui répondit :

— Justement, paraît que non. Ceux qui l'ont vu disent qu'il avait reçu des coups sur la figure.

— Ça alors, bredouilla l'Angèle. Ça alors...

La vieille allait répondre quand Joseph Dégru, le maire, qui venait d'arriver, s'approcha d'elle.

— Taisez-vous donc, l'Ursule, dit-il. Faut jamais parler sans savoir. Il a pas reçu de coups. Le docteur des soldats vient de l'examiner, c'est une vipère qui l'a piqué à la joue.

D'un coup l'Angèle se sentit soulagée.

— Ah! par exemple, murmura-t-elle.

La vieille qui avait ravalé son venin le distilla quelques instants pour lancer avant de quitter le groupe.

— Ça ne fait rien, faut croire que tu lui avais pas ménagé le vin, pour être saoul au point de se coucher dehors avec le temps qu'il faisait dimanche soir.

L'Angèle ne daigna pas répondre. Haussant les épaules elle regarda l'Ursule s'éloigner puis, s'adressant au maire, elle lui demanda :

— Alors c'est vrai, ce serait une vipère?

— Oui, le major est formel.

— Pourtant, je suis sûre qu'il avait pas bu. Pas chez moi, en tout cas.

Le maire s'approcha de l'Angèle et la rassura :

— Faut pas t'inquiéter. Le capitaine m'a dit qu'à son avis le gars a dû se coucher un moment sous le pont pour laisser passer l'averse. C'est là qu'il aura été piqué. Et, comme l'orage a fait monter la Seille, l'eau a emporté le corps un peu plus bas. De toute façon, ils savent bien que tu n'y es pour rien.

En s'en allant, l'Angèle rencontra le sergent Il la salua et s'arrêta. Avant qu'il ait pu dire un mot l'Angèle expliqua :

— On vient de m'apprendre ce qui est arrivé. C'est affreux. J'en ai les sangs tout retournés.

Puis, plus bas, elle ajouta :

— Pauvre gosse.

Le sergent dit simplement :

— C'était un bon gars, oui... Enfin... on n'y peut rien.

Il allait reprendre sa route quand l'Angèle le retint.

— Faudra venir à la maison, ou envoyer un homme. Je vous réglerai sa journée.

— Oh! vous savez...

— Si, si. Vous ferez ce que vous voudrez de l'argent. Mais moi, je veux que ce soit payé.

De retour à la ferme, l'Angèle grimpa rapidement au fenil. Les dents serrées, l'air buté elle empoigna une fourche et se mit en devoir de transporter le foin dans la partie encore inoccupée du grenier. Elle prenait l'herbe à petites fourchées, la secouait, la posait sur le plancher et la battait des dents de son outil avant de l'envoyer sur le tas qui montait lentement derrière elle. Son regard en alerte courait sans cesse d'un bord à l'autre du plancher.

Elle avait remué plus des trois quarts du foin, et il était près de 2 heures de l'après-midi, lorsqu'elle aperçut enfin la bête qui filait dans l'encoignure, au ras des tuiles. Elle fit un bond qui ébranla le plancher et, d'un maître coup de fourche, fit rouler la vipère au milieu de l'espace découvert. Deux fois encore la fourche s'abattit. La vipère se tordit en ouvrant une gueule démesurée. D'un coup de talon l'Angèle écrasa cette tête qui craqua.

— Saloperie de garce, dit-elle les dents serrées.

Elle alla jusqu'à la fenêtre, s'assura que personne ne passait sur le chemin et, prenant la bête au bout de sa fourche elle la lança dans la fosse à purin.

Arrivée dans la cuisine, l'Angèle dut s'asseoir tant la tête lui tournait. Elle essuya son visage avec le pan de son tablier en murmurant :

— Pauvre gosse, va... Pauvre gosse.

Elle demeura assise un long moment sans bouger, le regard vague. Enfin, se levant, elle se dirigea vers l'escalier de sa chambre en bougonnant :

— Faut que je me change, je vais prendre la crève, trempée comme je suis.

LE PÈRE MINANGOIS

A Fernand SEGUIN.

Le père Minangois arrivait toujours en frappant de son bâton la rampe de l'escalier. Il le faisait presque avec colère, marmonnait quelques jurons, puis criait, en atteignant le palier :

— Alors, a personne; jamais personne!

Et pourtant, il y avait toujours quelqu'un. Jamais notre petite maison, située au fond d'un grand jardin aux limites de la ville, ne restait vide. Ma mère ne la quittait guère que pour faire ses courses, mon père pour aller au marché le jeudi matin. Mais le père Minangois ne venait pas le jeudi matin, car lui aussi allait au marché. Il n'achetait jamais rien, mais il parcourait pourtant les rues et la place, s'arrêtant devant les bancs des forains, demandant les prix, examinant la marchandise comme s'il eût recherché quelque chose. Très grand et sec, il dominait la foule des chalands de sa tête anguleuse au long nez busqué, toujours coiffée d'un feutre noir à large bord. En toute saison, il portait une pèlerine. L'hiver sur ses épaules, l'été, pliée sur son avant-bras. Et il allait, de son long pas saccadé, toujours maugréant, jurant, bougonnant; frappant aux portes du bout de son bâton.

Dans la ville, tout le monde le connaissait, et personne ne se souvenait l'avoir vu autrement. Quel âge avait-il? On ne savait pas au juste, et lui-même n'aimait pas à parler de cela. Quand on le questionnait, il répondait invariablement :

— Le jour où j'aurai cent ans, tout le monde le saura.

— Cent ans? Mais vous en paraissez à peine soixante-dix!

Il grimaçait un sourire et s'éloignait en lançant :

— Bah! Pouh! Brrou! Que voulez-vous. Que voulez-vous!

Il était ce que, dans une petite ville, on nomme une figure, un personnage. Cordonnier de son état, il exerçait aussi les fonctions de suisse en l'église des Cordeliers. Il troquait ses vêtements noirs contre le costume bariolé et le bicorne, posait son bâton pour prendre dans sa main longue et osseuse la longue hallebarde à fer doré; son pas devenait alors plus lent, plus assuré, et sa taille se redressait encore. Il passait entre les rangs sans regarder personne, et le manche de sa hallebarde frappait le sol tous les deux pas, avec une régularité de balancier. Ainsi, chaque semaine, accompagnait-il au cimetière des gens dont il avait vu le baptême ou le mariage. Là, il était réellement l'homme sans âge, qui regarde couler la vie et le temps, solide sur un rocher que les vagues ne peuvent atteindre.

Aussitôt la cérémonie terminée, il reprenait son pas rapide et saccadé, retrouvait ses vêtements sombres et son bâton, et courait à son établi. Il besognait dans une minuscule échoppe, en contrebas de la rue, et tirait le ligneul sans se soucier des passants qui s'arrêtaient pour examiner le haut de son crâne où couraient des rides et quelques longs poils gris.

Il m'arrivait parfois d'entrer dans l'échoppe du père Minangois. Le vieux cordonnier levait la tête, me regardait par-dessus les verres ovales de ses petites lunettes à monture d'acier qu'il mettait pour travailler, puis, reprenant sa tâche, il grognait :

— Bah! Brrouh!... C'est toi... Bigre! Ah! pas commode!

Il m'avait déjà oublié, penché sur un godillot ou un soulier de femme à talon haut, il l'examinait en se demandant comment les gens pouvaient s'y prendre pour abîmer pareillement leurs chaussures. Il battait le cuir avec une espèce de rage, à gestes secs comme son long corps et sa démarche. Lorsque tombait le crépuscule, il allumait une lampe dont l'abat-jour se trouvait à hauteur de son nez. Alors, il n'y avait plus que le jeu rapide de ses grandes mains, l'éclair du tranchet ou du marteau rond et luisant. La rue disparaissait, je demeurais assis, durant des heures, sur une pile de feuilles de cuir, fasciné par le travail un peu mystérieux du père Minangois, n'osant souffler mot, comme engourdi par l'odeur forte de la poix et du cuir détrempé.

Lorsque le père Minangois se levait, il paraissait surpris de me trouver là. Il m'avait oublié depuis longtemps. Il grognait après moi comme après une chaussure.

— Bah! Brrouh! que fais-tu, que fais-tu... Pas commode!

Il lançait sa pèlerine sur ses épaules, coiffait son chapeau, posait ses lunettes sur son établi tout encombré d'outils, s'assurait que le poêle était bien fermé et disait :

— Allons, en route.

La main qui empoignait la mienne était aussi dure qu'un manche d'outil. Je regardais en l'air, et le chapeau noir du cordonnier me paraissait perché très haut, tout près des lampes que le vent balançait au milieu de la rue. Sans bien savoir pourquoi, j'étais heureux de marcher ainsi à côté de cet homme sans âge, et qui continuait son interminable grognement tout en frappant le pavé de son bâton ferré.

Arrivés devant la grille de notre jardin, le père Minangois grognait un peu plus fort, me lâchait la main et continuait sa route. En le regardant s'éloigner avec sa cape flottant au vent, je sentais ma main qui gardait l'odeur de la poix et du cuir. Lorsque le vieux atteignait sa maison, je rentrais, avec, en moi, l'image de son ombre immense s'allongeant ou se raccourcissant à côté de la mienne, à mesure que nous passions sous les lampes de la rue.

Les beaux souvenirs que je garde de ce vieillard sont ceux des jours où il venait réparer nos chaussures. Cela survenait une fois l'an, à peu près; et toujours en hiver. Il arrivait au petit matin, alors que la cuisine était encore toute pleine de pénombre et de l'odeur mêlée du café frais et du feu qu'on vient d'allumer. Sa grande cape était glacée, comme s'il eût apporté dans ses plis un peu de la nuit d'hiver. Il posait à terre son sac plein d'outils, ôtait son chapeau et se mettait aussitôt à grogner :

— Bah! Brrouh! pas encore prêt... Pas besoin de café... déjà bu... Brrouh! bah!

Ma mère lui donnait tout de même un bol. Il s'asseyait en grognant à cause d'un genou qui le faisait souffrir.

— Toujours taper.... Ça se sent... Bah! Brrouh! Plus vingt ans.

Le café fumait dans les bols, et le grognement du père Minangois changeait d'objet sans varier de ton.

— Bah! Brrouh! Trop chaud... Temps perdu.

— Vous ne prendrez donc jamais le temps de souffler, disait ma mère.

— Savoir si je trouverai le temps de mourir.

On ne savait jamais s'il riait ou s'il continuait de bougonner. Il avalait son café, essuyait d'un doigt sa moustache et allait s'installer à côté de la fenêtre. Et là, commençait pour moi une journée merveilleuse. Du cuir trempait dans une cuvette dont l'eau brunissait peu à peu; des outils s'étalaient sur la toile cirée; ma mère « s'entroupait » dans des chaussures en allant mettre du bois dans la cuisinière; mon père s'affairait à apporter ce qui manquait, aussi attentif que moi aux gestes du cordonnier. (Et, tout autour de la maison, il y avait l'hiver en rafales, qui nous séparait du reste du monde.) Seule la cuisinière était chaude; vivante de cette chaleur du feu de bois, de cette animation inhabituelle, de cette présence du cordonnier qui bouleversait notre existence tranquille.

Lui, à partir du moment où il avait placé entre ses genoux pointus la forme d'acier emmanchée d'un long pied de bois poli par le frottement de son pantalon, lui, l'homme aux mains sèches comme des clous, nous avait oubliés. Il travaillait là comme dans son échoppe, son grand nez pointé vers la semelle qu'il battait ou l'aiguille qu'il tirait. Le chapelet de ses grognements s'égrenait, comptant le temps aussi bien que ses coups de marteau. Quand son tranchet entamait le cuir, ses grognements se changeaient parfois en un

240

long sifflement qui faisait un bruit étrange en traversant sa moustache humide, le crissement de la lame s'y mêlait, et, lorsque tombait la chute cornue, le vieux respirait en reprenant :

— Bah! Brrouh! Na! Tiens... Voilà...

Je m'approchais lentement, à quatre pattes pour ramasser ce croissant de cuir encore humide, et c'est à peine si le père Minangois remarquait ma présence. Sa grande main plongeait au creux de son tablier bleu d'où il sortait une alène, du fil, ou des chevilles. Et, sans qu'il y parût, la matinée coulait tandis que nos souliers prenaient un autre visage. Parfois, le vieux me demandait comment je pouvais m'y prendre pour user tant de semelles.

— Surtout, disait ma mère, ne lui mettez pas de ces clous à tête qui dépasse, c'est comme ça qu'il saccage, il s'amuse à faire des étincelles. Sur les pavés.

— T'en ficherais... T'en ficherais, maugréait-il.

Mais sa voix n'était jamais dure. Et dans son œil bleu et vif, il y avait toujours une lueur très tendre qu'il ne parvenait pas à dissimuler.

Il se redressait, portant sa main à ses reins, puis, crachant sur son lissoir de buis, il polissait la tranche des semelles ajustées.

A midi, le cordonnier partageait notre repas, et là seulement il lui arrivait de parler vraiment. Il se souvenait fort bien de l'occupation prussienne de 1870. Pour moi, tout cela était si loin que je me demandais si le père Minangois n'exagérait pas un peu. Et pourtant, cet homme avait bien vécu une époque qui était loin des derniers chapitres de mon manuel d'histoire. Il n'inventait rien. A peine trop jeune pour être soldat en 1870, il ne l'était plus assez pour être mobilisé en 1914. Pourtant il devait connaître une troisième guerre.

Un jour, levant la tête de son travail, il allait s'approcher de la fenêtre pour regarder défiler des soldats habillés de vert et chaussés de petites bottes qui sonnaient sur le pavé. Le père Minangois devait hausser les épaules, faire une grimace de plus en reprenant ses grognements un instant interrompus.

Il paraît qu'il est mort alors qu'on s'apprêtait à fêter son centenaire en même temps que la libération du pays. Certains prétendent qu'il était bâti pour vivre éternellement, mais la guerre l'a tué à petit feu, à cause des privations de nourriture et du manque de cuir qui l'empêchait de faire son travail. On peut sourire de cela en disant qu'il avait tout de même cent ans d'âge, mais, quand je le revois, assis au coin de notre feu, poissant le fil et taillant le cuir, je me demande aussi comment cet homme a pu s'en aller.

Il n'y avait pas de suisse pour précéder le corbillard qui l'emporta, mais à chaque fenêtre un drapeau claquait, tout habillé de vent comme la vaste pèlerine du père Minangois.

Et pour moi, il reste l'image d'un grand vieillard bougon, sec et dur comme le vent d'hiver, mais qui avait, dans sa façon de vous regarder ou de vous empoigner la main, une de ces choses mystérieuses et précieuses qui font partie de ce qu'un homme conserve éternellement parmi les trésors de son enfance.

TABLE DES MATIÈRES

Littérature extrait du catalogue

Cette collection est d'abord marquée par sa diversité : classiques, grands romans contemporains, témoignages. A chacun son livre, à chacun son plaisir : Henri Troyat, Bernard Clavel, Guy des Cars, Frison-Roche, Djian, Belletto mais aussi des écrivains étrangers tels que Virginia Andrews, Nina Berberova, Colleen McCullough ou Konsalik.

Les classiques tels que Stendhal, Maupassant, Flaubert, Zola, Balzac, etc. sont publiés en texte intégral au prix le plus bas de toute l'édition. Chaque volume est complété par un cahier illustré sur la vie et l'œuvre de l'auteur.

CLAVEL Bernard

Le tonnerre de Dieu 290/1
Le voyage du père 300/1
L'Espagnol 309/4
Malataverne 324/1
L'hercule sur la place 333/3
Le tambour du bief 457/2
Le massacre des innocents 474/2
L'espion aux yeux verts 499/3
La grande patience :
1 - La maison des autres 522/4
2 - Celui qui voulait voir la mer 523/4
3 - Le cœur des vivants 524/4
4 - Les fruits de l'hiver 525/4
Le Seigneur du Fleuve 590/3
Pirates du Rhône 658/2
Le silence des armes 742/3

Tiennot 1099/2
Les colonnes du ciel :
1 - La saison des loups 1235/3
2 - La lumière du lac 1306/4
3 - La femme de guerre 1356/3
4 - Marie Bon Pain 1422/3
5 - Compagnons du Nouveau-Monde 1503/3
Terres de mémoire 1729/2
Qui êtes-vous ? 1895/2
Le Royaume du Nord :
- Harricana 2153/5
- L'Or de la terre 2328/4
- Miséréré 2540/4
- Amarok 2764/3
- L'angélus du soir 2982/4
- Maudits sauvages 3170/4
Quand j'étais capitaine 3423/3

CLOSTERMANN Pierre	Le Grand Cirque 2710/**5**
COCTEAU Jean	Orphée 2172/**2**
COLETTE	Le blé en herbe 2/**1**
COLLARD Cyril	Les nuits fauves 2993/**3**
COLOMBANI M.-F.	Donne-moi la main, on traverse 2881/**3**
	Derniers désirs 3460/**2**
CONNELL Evan S.	Mr. et Mrs. Bridge 3041/**8**
CONROY Pat	Le Prince des marées 2641/**5** & 2642/**5**
	Le Grand Santini 3155/**8**
COOPER Fenimore J.	Le dernier des Mohicans 2990/**5**
COOPER Mary Ann	Côte Ouest 3086/**6**
CORMAN Avery	Kramer contre Kramer 1044/**3**
	50 bougies et tout recommence 2754/**3**
COUSTEAU Commandant	Nos amies les baleines 2853/**7** Illustré
	Les dauphins et la liberté 2854/**7** Illustré
	Un trésor englouti 2967/**7** Illustré
	Compagnons de plongée 3031/**7** Illustré
DAUDET Alphonse	Tartarin de Tarascon 34/**1**
	Lettres de mon moulin 844/**1**
	Le Petit Chose 3339/**1**
DAVENAT Colette	Le soleil d'Amérique 2726/**6**
DERLICH Didier	Intuitions 3334/**4**
DHÔTEL André	Le pays où l'on n'arrive jamais 61/**2**
DICKENS Charles	Espoirs et passions 2643/**5**
	Oliver Twist 3442/**9**
DICKEY James	Délivrance 531/**3**
DIDEROT Denis	Jacques le fataliste 2023/**3**
DIWO Jean	Au temps où la joconde parlait 3443/**7**
DJIAN Philippe	37°2 le matin 1951/**4**
	Bleu comme l'enfer 1971/**4**
	Zone érogène 2062/**4**

DJIAN (suite)	*Maudit manège* 2167/5
	50 contre 1 2363/3
	Echine 2658/5
	Crocodiles 2785/2
DORIN Françoise	*Les lits à une place* 1369/4
	Les miroirs truqués 1519/4
	Les jupes-culottes 1893/4
	Les corbeaux et les renardes 2748/5
	Nini Patte-en-l'air 3105/6
DUBOIS Jean-Paul	*Les poissons me regardent* 3340/3
DUFOUR Hortense	*Le château d'absence* 2902/5
DUMAS Alexandre	*La reine Margot* 3279/8
	Les trois mousquetaires 3461/9
DUNKEL Elizabeth	*Toutes les femmes aiment un poète russe* 3463/7
DUROY Lionel	*Priez pour nous* 3138/4
D'EAUBONNE Françoise	*Isabelle Eberhardt* 2989/4
EBERHARDT Isabelle	*Lettres et journaliers* 2985/6
EDWARDS Page	*Peggy Salté* 3118/6
Dr ETIENNE	*Transantarctica* 3232/5
Dr ETIENNE et DUMONT	*Le marcheur du Pôle* 2416/3
FISHER Carrie	*Bons baisers d'Hollywood* 2955/4 Inédit
FLAGG Fannie	*Beignets de tomates vertes* 3315/7
FLAUBERT Gustave	*Madame Bovary* 103/3
FOSSET Jean-Paul	*Chemins d'errance* 3067/3 (Exclusivité)
	Saba 3270/3 (Exclusivité)
FOUCHET Lorraine	*Jeanne, sans domicile fixe* 2932/4 (Exclusivité)
	Taxi maraude 3173/4 (Exclusivité)
FRANCESCHI Patrice	*Qui a bu l'eau du Nil...* 2984/4 Illustré

FRISON-ROCHE

La peau de bison 715/2	*Retour à la montagne* 960/3
La vallée sans hommes 775/3	*La piste oubliée* 1054/3
Carnets sahariens 866/3	*Le rapt* 1181/4
Premier de cordée 936/3	*Djebel Amour* 1225/4
La grande crevasse 951/3	*Le versant du soleil* 1451/4 & 1452/4
	L'esclave de Dieu 2236/6

GAGARINE Marie	*Blonds étaient les blés d'Ukraine* 3009/6
	Le thé chez la Comtesse 3172/5 Illustré
GARRISON Jim	*JFK* 3267/5 Inédit
GEBHARDT Heiko	*La mère d'Anna* 3196/3
GEDGE Pauline	*La dame du Nil* 2590/6
GEORGY Guy	*Folle avoine* 3391/4
GILBERT Sarah	*Une équipe hors du commun* 3355/3
GLASER E. & PALMER L.	*En l'absence des anges* 3318/6
GOISLARD Paul-Henry	*Sarah :*
	1 - La maison de Sarah 2583/5
	2 - La femme de Prague 2584/4
	3 - La croisée des amours 2731/6
GORBATCHEV Mikhaïl	*Perestroïka* 2408/4
GRAFFITI Kriss	*Et l'amour dans tout ça ?* 2822/2
GRAY Martin	*Le livre de la vie* 839/2

Littérature

MAALOUF Amin	Les croisades vues par les Arabes 1916/4
McCULLOUGH Colleen	Les oiseaux se cachent pour mourir 1021/4 & 1022/4
	Tim 1141/3
	Un autre nom pour l'amour 1534/4
	La passion du Dr Christian 2250/6
	Les dames de Missalonghi 2558/3
	L'amour et le pouvoir 3276/7 & 3277/7
McMURTRY Larry	Texasville 3321/8
MACLAINE Shirley	Amour et lumière 2771/4
	Vivre sa vie 2869/3
MACNEE Patrick	Chapeau melon 2828/5
McNEILL Elizabeth	9 semaines 1/2 2259/2
MALLET-JORIS Françoise	La tristesse du cerf-volant 2596/4
	Adriana Sposa 3062/5
	Divine 3365/4
MANIGUET Xavier	Les dents de la mort 3302/7
MARGUERITTE Victor	La garçonne 423/3
MARIE-POSA	Eclipse 3189/3
MARIN Maud	Le saut de l'ange 2443/4
	Tristes plaisirs 2884/3
	Le quartier des maudites 3214/4
MARKANDAYA Kamala	Le riz et la mousson 117/2
MARTINO Bernard	Le bébé est une personne 2128/3
MASSIE Sonja	Horizons lointains 3356/6
MATHEWS Harry	Cigarettes 2708/4
MAUPASSANT Guy de	Une vie 1952/2
	L'ami Maupassant 2047/2
	Bel-Ami 3366/3
MAYERSBERG Paul	Homme fatal 3317/6
MAZZIOTTA Françoise	L'enfant venu d'ailleurs 2924/2
MERRICK Monte	Memphis Belle 2934/3
MICHAEL Judith	L'amour entre les lignes 2441/4 & 2442/4
	Une héritière de haut vol 2913/6 & 2914/6
	Une autre femme 3012/8
	Une femme en colère 3300/6 & 3301/6
MILES Rosalind	La vengeance aux deux visages 2723/5 & 2724/5
MITCHELL Kirk	Backdraft 2996/4
MONNIER Thyde	- Grand-Cap 206/2
Les Desmichels :	- Le pain des pauvres 210/4
	- Nans le berger 218/4
	- La demoiselle 222/4
	- Travaux 231/4
	- Le figuier stérile 237/4
MONSIGNY Jacqueline	Michigan Mélodie (Un mariage à la carte) 1289/2
	Le roi sans couronne 2332/6
	Toutes les vies mènent à Rome 2625/5
	Les lionnes de Saint-Tropez 2882/4
	Gulf Stream 3280/6
MONTLAUR Pierre	Ioseph le Juif du Nil 3084/5
MOOR Lova	Ma vie mise à nu 3078/4 Illustré
MORASSO Françoise	L'Oreille en coin 2829/4

REMY Pierre-Jean	Annette ou l'éducation des filles 2685/5
RENARD Jules	Poil de carotte 11/1
RHODES Evan H.	Le prince de Central Park 819/2
RIMBAUD	Une saison en enfer, Poésies...3153/3
RIPLEY Alexandra	Charleston 3220/8
ROBBE-GRILLET Alain	L'année dernière à Marienbad 546/2
ROBINE M. & SECHAN T.	Georges Brassens - Histoire d'une vie 3424/5 Illustré
ROSENBAUM Edward E.	Le docteur 3149/3
ROSTAND Edmond	Cyrano de Bergerac 3137/3
ROUCAS Jean	Les roucasseries 3230/4
	Les roucasseries - Tome 2 3440/4
ROUCH Dominique	Dieu seul le sait 3266/3
ROULAND Norbert	Soleils barbares 2580/4
RUGGIERI Eve	Mozart - L'itinéraire sentimental 3322/3
SADOUL Jacques	La mort du héros 1950/3
	Le domaine de R. 2522/6
	93 ans de B-D 2561/7 Inédit Illustré
	L'île Isabelle 2623/3
	La cité Fabuleuse 3412/4
SAGAN Françoise	Un peu de soleil dans l'eau froide 461/2
	Des bleus à l'âme 553/1
	Un profil perdu 702/2
	Le lit défait 915/3
SAINT Harry F.	Mémoires d'un homme invisible 2945/8
SAND George	La mare au diable 3194/1
	Leone Leoni... 3410/3
SARRAUTE Claude	Allô Lolotte, c'est Coco 2422/2
	Maman coq 2823/3
SCOTT Paul	Le joyau de la couronne (Le quatuor indien) :
	- Le joyau de la couronne 2293/5
	- Le jour du scorpion 2330/5
	- Les tours du silence 2361/5
	- Le partage du butin 2397/7
SEDA	Le fumoir de l'ambassade 3368/3
SEGAL Erich	Love story 412/1
	Oliver's story 1059/2
SEGUR Comtesse de	Les petites filles modèles 3013/2
SEVERIN Tim	Le voyage d'Ulysse 3011/6 Illustré
SHALIT Béatrice	Lisa, Lisa 3389/3
SHULMAN Neil	Doc Hollywood 3248/4 Inédit
SIM	Elle est chouette, ma gueule ! 1696/3
	Pour l'humour de Dieu 2001/4
	Elles sont chouettes, mes femmes 2264/3
	Le Président Balta 2804/4
	Ma médecine hilarante 3213/3
SINGER A. L.	Maman j'ai encore raté l'avion 3387/2
SORAYA	Le palais des solitudes 3251/4
SPALDING Baird T.	La vie des Maîtres 2437/5
SPENCER Lavyrle	Doux amer 2942/7 Inédit

Achevé d'imprimer en Europe (France)
par Brodard et Taupin à La Flèche (Sarthe)
le 17 décembre 1993. 1966 I-5
Dépôt légal janvier 1994. ISBN 2-277-13499-6
1ᵉʳ dépôt légal dans la collection : sept. 1974

Éditions J'ai lu
27, rue Cassette, 75006 Paris
Diffusion France et étranger : Flammarion